AF385708

CONCORDANCE

DES

TEMPS DES VERBES.

AUTRES OUVRAGES DU MÊME AUTEUR.

GRAMMAIRE DES ENFANTS, abrégé de la Grammaire française élémentaire. Un vol. in-18. Prix : 75 centimes.

LES PREMIÈRES NOTIONS DE LA GRAMMAIRE FRANÇAISE, ou Exercices sur les Parties du Discours, ouvrage utile à tous les élèves qui commencent à écrire, et qui sont en état de copier. Seconde édition. 1 fr. 50 c., et 2 fr. franc de port.

GRAMMAIRE FRANÇAISE ÉLÉMENTAIRE, ouvrage à la portée de toutes les personnes qui n'ont aucune notion des principes de cette langue. Neuvième édition. Même prix.

ANALYSE GRAMMATICALE, suivie d'un abrégé d'Analyse logique. Même prix.

TRAITÉ DE LA CONJUGAISON DES VERBES, ouvrage qui peut servir de supplément à la plupart des Grammaires élémentaires qui ont paru jusqu'à ce jour. Douzième édition. Prix : 1 fr. 25 c., et 1 fr. 50 cent. franc de port.

TRAITÉ DES PARTICIPES, Seizième édition. Prix : 1 fr. 25 c., et 1 fr. 60 cent. franc de port.

TRAITÉ DE LA PONCTUATION, contenant plus de quatre cents exemples divisés en douze chapitres. Neuvième édit. Même prix.

CACOGRAPHIE rangée dans un nouvel ordre, ou Exercices sur l'Orthographe, la Syntaxe et la Ponctuation. Sixième édition. Même prix.

CORRIGÉ de la Cacographie. Même prix.

VOCABULAIRE DES HOMONYMES FRANÇAIS. Seconde édition. Prix : 2 fr. 50 cent., et 3 fr. 25 cent. franc de port.

ÉLÉMENTS D'ARITHMÉTIQUE, ouvrage divisé en six parties, dans l'ordre suivant : *Calcul des Nombres entiers, Calcul des Fractions, Calcul des Nombres complexes, Calcul des Fractions décimales, Proportions, Solutions de plusieurs problèmes*. Seconde édition. Un vol. in-12. Prix : 2 fr. 50 c., et 3 fr. franc de port.

LOTTIN DE S.-GERMAIN, Imprimeur,
rue de Nazareth, n° 1.

CONCORDANCE

DES

TEMPS DES VERBES,

ET PARTICULIÈREMENT

DES

TEMPS DU SUBJONCTIF,

L'une des plus grandes difficultés de la langue française, analysée et mise à la portée de toutes les personnes qui desirent de parler et d'écrire correctement.

PAR E.-A. LEQUIEN,

AUTEUR DU TRAITÉ DES PARTICIPES ET DE PLUSIEURS AUTRES OUVRAGES DE GRAMMAIRE.

DIXIÈME ÉDITION.

Prix : 1 fr. 25 c.

A PARIS,

CHEZ Mme Ve LEQUIEN,

RUE DE L'HIRONDELLE, N° 22,

Près la rue Gît-le-Cœur, quartier St.-André-des-Arcs.

1836.

CONCORDANCE
DES
TEMPS DES VERBES.

PREMIÈRE PARTIE,

Contenant l'emploi des Temps et des Modes, la concordance des Temps de l'Indicatif et des Temps du Conditionnel, l'emploi des Temps du Subjonctif, la concordance des Temps du Subjonctif avec ceux de l'Indicatif et du Conditionnel.

CHAPITRE I.

Emploi des Temps et des Modes.

Le verbe est divisé en cinq parties que l'on nomme *modes*, et qui sont, *l'indicatif*, le *conditionnel*, *l'impératif*, le *subjonctif*, et *l'infinitif*.

Ces cinq modes sont autant de manières différentes d'employer le verbe.

ARTICLE I.

Indicatif, Ier *Mode.*

L'indicatif est un mode qu'on emploie toutes les fois qu'il s'agit d'exprimer d'une manière positive qu'une chose est, qu'elle **a été**, ou qu'elle sera ; c'est pourquoi quelques grammairiens nomment ce mode *positif*; d'autres le nomment *affirmatif* : mais le nom n'y fait rien ; les règles sont les mêmes, et j'ai cru devoir conserver les noms qui sont le plus en usage.

Ce mode a huit temps : le *présent*, l'*imparfait*, le *parfait défini*, le *parfait indéfini*, le *parfait antérieur*, le *plus-que-parfait*, le *futur simple* ou *absolu*, le *futur antérieur*.

1° DU PRÉSENT.

Le présent de l'indicatif s'emploie pour exprimer qu'une chose est ou se fait au moment où l'on parle ; comme, *je* SUIS *malade*, *j'*AI *peur*, *nous nous* PROMENONS, *il* EST *quatre heures*, *vous* JOUEZ.

EXEMPLE :

J'IGNORE le projet que la reine MÉDITE,
Seigneur ; mais je CRAINS tout du transport qui l'AGITE.
Un mortel désespoir sur son visage EST peint ;
La pâleur de la mort EST déjà sur son teint.
Déjà, de sa présence avec honte chassée,
Dans la profonde mer Œnone s'est lancée ;
On ne SAIT point d'où PART ce dessein furieux,
Et les flots pour jamais l'ont ravie à nos yeux.

RACINE.

Les verbes *ignore*, *médite*, *crains*, *agite*, *est*, *sait*, *part*, sont au présent de l'indicatif, et ils expriment des choses qui existent au moment où l'on parle.

On se sert encore du présent de l'indicatif pour

exprimer une chose que l'on fait habituellement, ou l'état habituel d'un sujet ; comme , *mon père se* NOMME *Pierre , votre fils* DANSE *bien et* JOUE *bien du violon , j'*ENSEIGNE *la grammaire ,* etc.

EXEMPLE :

Le bœuf, le mouton , et les autres animaux qui PAISSENT l'herbe , non seulement SONT les meilleurs , les plus utiles , les plus précieux pour l'homme, puisqu'ils le NOURRISSENT , mais sont encore ceux qui CONSOMMENT et DÉPENSENT le moins : le bœuf surtout EST à cet égard l'animal par excellence ; car il rend à la terre tout autant qu'il en TIRE , et même il AMÉLIORE le fonds sur lequel il VIT , il ENGRAISSE son pâturage ; au lieu que le cheval et la plupart des autres animaux AMAIGRISSENT en peu d'années les meilleures prairies.

BUFFON.

Tous les verbes de cette phrase sont au présent de l'indicatif, et ils expriment l'action ou l'état habituel des animaux dont on parle.

Le présent sert encore à marquer un futur très proche ; comme , *je* REVIENS *tout-à-l'heure , nous* PARTONS *demain ,* etc.

L'emploi le plus heureux qu'on puisse faire du présent , c'est de s'en servir au lieu du parfait, soit *défini ,* soit *indéfini :* alors il donne plus de force et de vivacité à ce qu'on raconte.

(4)

EXEMPLE

Tiré du récit de la mort d'Hippolyte :

Tout FUIT ; et sans s'armer d'un courage inutile,
Dans le temple voisin chacun CHERCHE un asile.
Hippolyte lui seul, digne fils d'un héros,
ARRÊTE ses coursires, SAISIT ses javelots,
POUSSE au monstre ; et, d'un dard lancé d'une main sûre,
Il lui FAIT dans le flanc une large blessure.
De rage et de douleur le monstre bondissant
VIENT aux pieds des chevaux tomber en mugissant,
Se ROULE, et leur PRÉSENTE une gueule enflammée
Qui les COUVRE de feu, de sang et de fumée.
La frayeur les EMPORTE ; et, sourds à cette fois,
Ils ne CONNAISSENT plus ni le frein ni la voix.
En efforts impuissants leur maître se CONSUME :
Ils ROUGISSENT le mors d'une sanglante écume.

RACINE.

Dans ces quatorze vers, il y a quatorze verbes qui sont au présent de l'indicatif, et qui expriment des actions passées que l'on ne pourrait exprimer que par le *parfait défini*, parce qu'il s'agit d'actions passées dans un temps qui n'est pas entièrement écoulé.

Tout A FUI, — *chacun* A CHERCHÉ *un asile*, — *Hippolyte* A ARRÊTÉ *ses coursiers,* A SAISI *ses javelots,* A POUSSÉ *au monstre*, etc.

AUTRE EXEMPLE :

Cependant Télémaque, impatient, se DÉROBE à la multitude qui l'ENVIRONNE ; il COURT à la porte par où Mentor était sorti, il se la FAIT ouvrir avec autorité. Bientôt Idoménée, qui le CROIT à ses côtés, s'ÉTONNE de le voir qui COURT au milieu de la campagne, et qui EST déjà auprès de Nestor. Nestor le RE-CONNAÎT, et se HÂTE, mais d'un pas pesant et tardif, de l'aller recevoir. Télémaque SAUTE à son cou, et le TIENT serré entre ses bras sans parler.

Dans cet exemple, il y a douze verbes qui sont au présent de l'indicatif et qui expriment des choses passées dans un temps entièrement écoulé : huit de ces verbes peuvent se remplacer par le *parfait défini*; et les quatre autres, par *l'imparfait* de l'indicatif, parcequ'ils expriment des présents relatifs.

Cependant Télémaque, impatient, se DÉ-ROBA à la multitude qui l'ENVIRONNAIT; il COURUT à la porte par où Mentor était sorti, il se la FIT ouvrir avec autorité. Bientôt Idoménée, qui le CROYAIT à ses côtés, s'ÉTON-NA de le voir qui COURAIT au milieu de la campagne, et qui ÉTAIT déjà auprès de Nestor. Nestor le RECONNUT et se HÂTA, mais d'un pas pesant et tardif, de l'aller recevoir. Télémaque SAUTA à son cou, et le TINT serré entre ses bras sans parler.

2º DE L'IMPARFAIT *ou* PRÉSENT RELATIF.

L'imparfait marque qu'une chose était présente en même temps qu'une autre, mais dans un temps passé.

EXEMPLES :

Je LISAIS, quand vous *êtes entré.*

Nous REVENIONS comme vous PARTIEZ.

J'ÉTAIS malade quand je *reçus* votre lettre.

Quand je *partis* pour la campagne, je CROYAIS n'y rester que quelques jours.

On emploie encore l'imparfait en parlant d'actions habituelles et souvent réitérées dans un temps passé. C'est surtout dans les récits et dans les descriptions qu'il est heureusement employé. En voici un exemple pris dans le premier livre de *Télémaque.*

La grotte de la déesse ÉTAIT sur le penchant d'une colline : de là on DÉCOUVRAIT la mer, quelquefois claire et unie comme une glace, quelquefois follement irritée contre les rochers, où elle se BRISAIT en gémissant et élevant ses vagues comme des montagnes ; d'un autre côté, on VOYAIT une rivière où se FORMAIENT des îles bordées de tilleuls fleuris et de hauts peupliers qui PORTAIENT leurs têtes superbes jusque dans les nues. Les divers canaux qui FORMAIENT ces îles SEMBLAIENT se jouer dans la campagne : les uns ROULAIENT leurs eaux claires avec rapidité ; d'autres AVAIENT une eau paisible et dormante ; d'autres, par de longs détours, REVENAIENT sur leurs pas, comme pour remonter vers leur source, et SEMBLAIENT ne pouvoir quitter ces bords enchantés. On APER-

CEVAIT de loin des collines et des montagnes qui se PERDAIENT dans les nues, et dont la figure bizarre FORMAIT un horizon à souhait pour le plaisir des yeux. Les montagnes voisines ÉTAIENT couvertes de pampre vert qui PEN-DAIT en festons; le raisin, plus éclatant que la pourpre, ne POUVAIT se cacher sous les feuilles, et la vigne ÉTAIT accablée sous son fruit. Le figuier, l'olivier, le grenadier, et tous les autres arbres, COUVRAIENT la campagne, et en FAISAIENT un grand jardin.

3° DU PARFAIT DÉFINI.

Le parfait défini sert à exprimer d'une manière précise qu'une chose a été faite dans un temps qui n'est plus, et dont il ne reste plus rien. On ne pourrait donc pas dire, *Je* VIS *votre père ce matin, cette semaine, ce mois-ci, cette année;* parceque le jour, la semaine, le mois, l'année, ne sont pas encore passés quand on dit, *Je vis votre père :* mais on dit fort bien, *Je* VIS *votre père hier, la semaine dernière, le mois dernier, l'année dernière;* parcequ'alors, le jour, la semaine, le mois, l'année, sont écoulés.

EXEMPLE :

La douceur et le courage du sage Mentor me CHARMÈRENT : mais je FUS encore bien plus surpris quand je VIS avec quelle adresse il nous DÉLIVRA des Troyens. Dans le moment où le ciel commençait à s'éclaircir, et où les Troyens, nous voyant de près, n'auraient pas manqué de nous reconnaître , il REMARQUA un de leurs vaisseaux qui était presque semblable au nôtre ; et que la tempête avait écarté. La poupe en était couronnée de certaines fleurs : il se HÂTA de mettre sur notre poupe des couronnes de fleurs semblables; il les ATTACHA lui-même avec des bandelettes de la même couleur que celles des Troyens ; il ORDONNA à tous nos rameurs de se baisser le plus qu'ils pourraient le long de leurs bancs pour n'être point reconnus des ennemis. En cet état , nous PASSÂMES au milieu de leur flotte : ils POUSSÈRENT des cris de joie en nous voyant, comme en revoyant des compagnons qu'ils avaient crus perdus. Nous FÛMES même contraints par la violence de la mer d'aller assez long-temps avec eux : enfin nous DEMEURÂMES un peu derrière; et , pendant que les vents impétueux les poussaient vers l'Afrique , nous FÎMES les derniers efforts pour aborder à force de rames sur la côte voisine de Sicile.

Il y a dans cet exemple treize verbes qui sont au parfait défini , parcequ'ils expriment des choses passées dans un temps qui n'est plus lorsque Télémaque raconte ses aventures.

4° DU PARFAIT INDÉFINI.

Le parfait indéfini sert à exprimer une chose faite dans un temps passé désigné d'une manière vague , ou dans un temps passé qui n'est pas entièrement écoulé ; comme , *j'ai vu votre père ce matin*, *cette semaine*, *ce mois-ci*, *cette année;* ou simplement, *j'ai* vu *votre père.*

EXEMPLE :

Auprès de ceux-ci paraissaient d'autres hommes que le vulgaire ne croit guère coupables, et que la vengeance divine poursuit impitoyablement : ce sont les ingrats, les menteurs, les flatteurs qui ONT LOUÉ le vice, les critiques malins qui ONT TÂCHÉ de flétrir la plus pure vertu; enfin ceux qui ONT JUGÉ témérairement des choses sans les connaître à fond, et qui par là ONT NUI à la réputation des innocents.

Les quatre verbes *ont loué*, *ont tâché*, *ont jugé*, *ont nui*, sont au parfait indéfini, parcequ'ils expriment des choses passées dans un temps qui n'est point déterminé d'une manière précise.

AUTRE EXEMPLE :

Avant que de laisser fermer ses yeux au sommeil, Mentor parla ainsi à Télémaque : Le plaisir de raconter vos histoires vous A ENTRAÎNÉ; vous AVEZ CHARMÉ la déesse en lui expliquant les dangers dont votre courage et votre industrie vous ONT TIRÉ.... L'amour d'une vaine gloire vous A FAIT parler sans prudence. Elle s'était engagée à vous raconter des histoires, et à vous apprendre quelle A ÉTÉ la destinée d'Ulysse : elle A TROUVÉ le moyen de parler long-temps sans rien dire; et elle vous A ENGAGÉ à lui expliquer tout ce qu'elle désire savoir.

I.

Dans ce discours de Mentor à Télémaque, il y a sept verbes qui sont au parfait indéfini : cinq, qui sont *a entraîné, avez charmé, a fait, a trouvé, a engagé*, expriment des choses arrivées le jour même où Mentor parle à Télémaque ; et les deux autres, *ont tiré*, et *a été*, désignent un passé vague.

On emploie quelquefois le parfait indéfini pour exprimer un futur très proche : comme, As-*tu* bientôt FINI? AVEZ-*vous* bientôt LU? — J'AI bientôt FINI ; *nous* AVONS FINI *dans l'instant*, etc.

5° DU PARFAIT ANTÉRIEUR.

Le parfait antérieur exprime ordinairement qu'une chose a eu lieu avant une autre dans un temps passé (c'est pourquoi on le nomme *antérieur*) ; comme, *dès que j'*EUS DINÉ, *je partis; quand nous* EÛMES FINI *notre ouvrage, nous partîmes.*

Le parfait antérieur est ordinairement précédé de quelqu'une de ces locutions, *quand, lorsque, dès que, aussitôt que, après que*, etc.

EXEMPLES :

Quand il EUT ACHEVÉ ces paroles, *je l'arrosai de mes larmes sans lui répondre.*

Aussitôt que Phébus EUT RÉPANDU ses premiers rayons sur la terre, Mentor, entendant la voix de la déesse qui appelait ses nymphes dans le bois, *éveilla* Télémaque.

Après que nous EÛMES ADMIRÉ ce spectacle, nous *commençâmes* à découvrir les montagnes de Crète, que nous avions encore assez de peine à distinguer des nuées du ciel et des flots de la mer.

Ce parfait antérieur, qu'on nomme *parfait anté-rieur défini*, ne peut être employé que pour exprimer une chose faite avant une autre dans un temps passé dont il ne reste plus rien.

Pour exprimer une chose faite avant une autre dans un temps qui n'est pas entièrement écoulé, on se sert du parfait antérieur indéfini ; comme , *ce matin , quand j'*AI EU PARLÉ *à votre père , je m'en suis allé ; quand nous* AVONS EU DINÉ , *nous sommes allés à la promenade.* (1)

6°. DU PLUS-QUE-PARFAIT.

Le plus-que-parfait marque, comme le parfait antérieur, une chose faite avant une autre ; mais avec cette différence que le parfait antérieur s'emploie quand il s'agit de deux choses qui ont eu lieu l'une après l'autre , sans interruption , et que le plus-que-parfait sert ordinairement à exprimer qu'une chose était déjà faite , depuis plus ou moins de temps , quand on en a fait une autre.

EXEMPLE :

Calypso , ayant montré à Télémaque toutes ces beautés naturelles , lui dit : Reposez-vous ; vos habits sont mouillés , il est temps que vous en changiez : ensuite nous nous reverrons ; et je vous raconterai des histoires dont votre cœur sera touché. En même temps elle le fit entrer avec Mentor

---

(1) Le parfait antérieur indéfini se forme du parfait indéfini de l'auxiliaire , et du participe d'un autre verbe : c'est ce qu'on nomme *temps surcomposé.*

dans le lieu le plus secret et le plus reculé d'une grotte voisine de celle où la déesse demeurait. Les nymphes AVAIENT EU soin d'allumer en ce lieu un grand feu de bois de cèdre, dont la bonne odeur se répandait de tous côtés; et elles y AVAIENT LAISSÉ des habits pour les nouveaux hôtes.

AUTRE EXEMPLE :

Je lus cette lettre, et elle me parut de la main de Philoclès. On AVAIT parfaitement IMITÉ son écriture; et c'était Protésilas qui l'AVAIT FAITE avec Timocrate. Cette lettre me jeta dans une étrange surprise; je la relisais sans cesse, et ne pouvais me persuader qu'elle fût de Philoclès, repassant dans mon esprit troublé toutes les marques touchantes qu'il m'AVAIT DONNÉES de son désintéressement et de sa bonne foi.

7°. DU FUTUR SIMPLE ou ABSOLU.

Le futur simple marque qu'une chose sera ou se fera dans un temps qui n'est pas encore; comme, j'ÉCRIRAI demain à votre père; nous PARTIRONS la semaine prochaine.

EXEMPLE :

Ceci ne me plaît pas, dit-elle aux oisillons :
Je vous plains; car, pour moi, dans ce péril extrême,
Je SAURAI m'éloigner où vivre en quelque coin.
Voyez-vous cette main qui par les airs chemine?
    Un jour VIENDRA, qui n'est pas loin,
Que ce qu'elle répand SERA votre ruine.
De là NAÎTRONT engins à vous envelopper,
    Et lacets pour vous attraper;
    Enfin, mainte et mainte machine

Qui CAUSERA dans la saison
Votre mort ou votre prison.

8° FUTUR ANTÉRIEUR. (1)

Le futur antérieur, qu'on appelle encore *futur composé* ou *futur relatif*, signifie que quand une chose sera ou se fera, une autre chose aura été ou sera faite.

EXEMPLES :

Quand j'AURAI LU, *j'écrirai*.

Dès que j'AURAI FINI, je *t'avertirai*.

Aussitôt que je SERAI REVENU de la campagne, *j'irai* vous voir.

Nous *sortirons* quand vous SEREZ RENTRÉS.

ARTICLE II.

Conditionnel, IIe Mode.

1° DU PRÉSENT.

Le présent du conditionnel marque qu'une chose serait ou se ferait dans un temps présent ou futur, moyennant certaines conditions ; comme, j'ÉCRIRAIS *si ma plume était taillée* ; je SORTIRAIS *s'il ne pleuvait pas* ; je JOUERAIS *si vous me le permettiez*, etc.

EXEMPLES :

Si sa vie *avait* moins d'éclat, je m'ARRÊ-

---

(1) Dans la plupart des grammaires ont trouve *futur passé*. Il me semble que le contraste de ces deux mots *futur* et *passé*, a quelque chose de choquant, et qu'on doit préférer une autre dénomination.

TERAIS sur la grandeur et la noblesse de sa maison ; et si son portrait *était* moins beau, je PRO-
DUIRAIS ici ceux de ses ancêtres.

Si je vous *aimais* moins, je vous PLAISANTE-
RAIS sur votre paresse ; mais je vous aime, et je
vous gronde beaucoup.

2° DU PASSÉ.

Le passé du conditionnel marque qu'une chose
aurait été, ou serait faite, moyennant certaines
conditions ; comme, je SERAIS ALLÉ *à la campagne
si mon temps me l'avait permis* ; ou, *j'EUSSE FINI
mon ouvrage hier, si l'on n'était pas venu me déranger.*

EXEMPLES :

Si vous ne vous *cachiez* pas de vos bienfaits,
monsieur, vous AURIEZ EU plus tôt mon re-
merciement.

Il semble que quand on nous EÛT FORMÉS
exprès pour nous unir, on n'AURAIT PU réussir mieux.

ARTICLE III.

Impératif, III° *Mode.*

L'impératif s'emploie pour commander, prier,
exhorter. Ce mode n'a qu'un temps, qui marque
le présent par rapport à l'action de commander,
et un futur par rapport à la chose commandée.
C'est parcequ'on ne peut ni se commander ni se
prier de faire quelque chose que l'impératif n'a
point de première personne au singulier.

EXEMPLES :

PARS, Télémaque, VA-T'EN (1) au-delà des mers.

Quand tu seras le maître des autres hommes, SOUVIENS-TOI que tu as été faible, pauvre, et souffrant comme eux ; PRENDS plaisir à les soulager, AIME ton peuple, DÉTESTE la flatterie, et SACHE que tu ne seras grand qu'autant que tu seras modéré, et courageux pour vaincre tes passions.

VA seconder l'ardeur du feu qui les dévore,
VENGE nos libertés qui respirent encore ;
De mon trône et du tien DEVIENS le défenseur ;
COURS, et DONNE à Porus un digne successeur.

L'impératif est en usage à la première personne plurielle, parcequ'en parlant, c'est autant à soi qu'aux autres qu'on adresse la parole.

EXEMPLE :

OBÉISSONS au Dieu par qui nous commandons ;
N'ALLONS pas, oubliant notre heureuse innocence,
Pour un faible plaisir, perdre un bonheur immense ;
Et, quand de tous ses biens il nous laisse le choix,
DÉFENDONS-nous le seul que défendent ses lois.

---

(1) N'écrivez jamais VA-T-EN, en plaçant le T entre deux traits d'union, comme on écrit *va-t-il*, *va-t-elle* ; il faut le pronom *te*, dont on retranche l'E, VA-T'EN. La preuve, c'est qu'au pluriel, ou au singulier, quand on ne tutoie pas, on dit, ALLEZ-VOUS-EN. Dans la plupart des éditions du Dictionnaire de l'Académie, on lisait *va-t-en* ; mais ce n'en était pas moins une faute qui vient d'être rectifiée dans la sixième édition publiée récemment par l'Institut de France.

Peut-on lui refuser ce léger sacrifice?
Ève, RENDONS hommage à sa main bienfaitrice;
BÉNISSONS ses bontés, CÉLÉBRONS ses grandeurs;
POURSUIVONS sous ses yeux nos agrestes labeurs;
SOIGNONS ces fruits naissants, TAILLONS ces jeunes plantes;
ÉTAYONS d'un appui leurs tiges languissantes:
De ces travaux lui-même il nous a fait la loi;
Mais ces travaux sont doux, partagés avec toi.

DELILLE.

REMARQUE. Plusieurs grammairiens ne donnent pas à ce mode les troisièmes personnes. En effet, ces troisièmes personnes sont les mêmes que celles du présent du subjonctif. Ce n'est que par ellipse qu'on dit, *qu'il* AILLE, *qu'elle* VIENNE, *qu'ils* PARTENT, *qu'elles* SORTENT: on sous-entend, *je veux*, *je permets*, *je consens*; et c'est comme si l'on disait, *je veux*, *je permets*, *je consens*, *qu'il* AILLE, *qu'elle* VIENNE, *qu'ils* PARTENT, *qu'elles* SORTENT.

ARTICLE IV.

Subjonctif, IVe Mode.

Le subjonctif est un mode qu'on emploie dans les phrases qui servent de complément à d'autres phrases qui marquent le commandement, le désir, la crainte, etc., et après plusieurs conjonctions qui demandent toujours ce mode, comme, *afin que*, *de peur que*, *pour que*, *quoique que*, etc.; et c'est parce qu'il est presque toujours précédé de quelque conjonction exprimée ou sous-entendue , qu'on le nomme *subjonctif* ou *conjonctif.*

Quelques grammairiens nomment ce mode *complétif*, parce qu'il se trouve presque toujours dans des phrases qui servent de compléments à d'autres phrases; et, par la même raison, ils nomment *complétive* la phrase où se trouve un verbe au subjonctif.

Le mode subjonctif a quatre temps : le *présent* , qui sert aussi pour le futur , l'*imparfait* , le *parfait,* et le *plus-que-parfait.*

1º DU PRÉSENT.

Le présent et le futur du subjonctif se présentent sous la même forme ; il n'y a que le sens de la phrase ou les mots circonstanciels qui indiquent si ce temps exprime un présent ou un futur.

Votre père sort tous les jours , quoiqu'il SOIT *malade ; soit* exprime un présent. — *Pensez-vous qu'il* SOIT *chez lui demain à huit heures ? soit* exprime un futur.

La première de ces deux phrases signifie : *Votre père* EST *malade , et malgré cela il sort tous les jours.*

Et la seconde signifie : SERA-*t-il chez lui demain à huit heures ? le pensez-vous ?*

2º DE L'IMPARFAIT *ou* PRÉSENT RELATIF.

L'imparfait du subjonctif marque ordinairement une chose passée, mais qui était présente en même temps qu'une autre qui est aussi passée; c'est pourquoi on le nomme, comme l'imparfait de l'indicatif, *présent relatif*, mais il est susceptible aussi d'une signification future.

Il parlait toujours, quoiqu'on le lui DÉFENDÎT.

Dans cette phrase, *défendît* marque une chose passée, mais qui est présente à l'égard de *parlait*.

Il faudrait qu'on lui DÉFENDÎT *de parler.*

Dans cette phrase, *défendît* marque un futur.

3° DU PARFAIT.

Le parfait du subjonctif exprime ordinairement un passé à l'égard du verbe avec lequel il entre en concordance ; mais il exprime quelquefois un futur antérieur.

Je suis fâché que vous AYEZ MANQUÉ *à votre devoir.*

Dans cette phrase, *ayez manqué* marque un passé : *Vous* AVEZ MANQUÉ *à votre devoir ; et je suis fâché de cela.*

*Nous ne sortirons point que vous n'*AYEZ FINI *votre ouvrage.*

Dans cette phrase, *ayez fini* marque un futur, mais antérieur à *nous sortirons : Quand vous* AU-REZ FINI *votre ouvrage, nous sortirons.*

4° DU PLUS-QUE-PARFAIT.

Le plus-que-parfait du subjonctif exprime ordinairement, comme le parfait, une chose passée ; mais il est susceptible d'une signification future.

Hier, on aurait voulu que vous EUSSIEZ FINI

(19)

plus tôt : voilà un passé. *Aujourd'hui, je voudrais que vous* EUSSIEZ FINI *quand je reviendrai :* voilà un futur ; futur à l'égard de *je voudrais*, futur antérieur à l'égard de *je reviendrai*.

ARTICLE V.

Infinitif, Ve Mode.

L'infinitif est un mode qui, par lui-même, ne signifie rien de déterminé ; c'est pourquoi quelques grammairiens l'ont nommé *mode indéfini*.

Le présent de l'infinitif, c'est-à-dire le mot par lequel on désigne un verbe, marque toujours un présent relatif au temps du verbe qui le précède.

Je l'entends PARLER ; *parler* marque un présent, parceque *j'entends* est au présent. C'est comme s'il y avait, *Il parle, et je l'entends.*

Je l'ai entendu PARLER ; *parler* marque un passé, parceque *j'ai entendu* est au passé. C'est comme s'il y avait, *Il a parlé, et je l'ai entendu.*

Je l'entendrai PARLER ; *parler* marque un futur, parceque *j'entendrai* est au futur. C'est comme s'il y avait, *Il parlera, et je l'entendrai.*

Au contraire, le parfait de l'infinitif marque un passé relatif au verbe auquel il est joint.

*Je crois l'*AVOIR VU ; *je croyais l'*AVOIR ENTENDU ; *je partirai après lui* AVOIR PARLÉ.

Quant aux participes, qui font aussi partie de l'infinitif, comme j'en ai donné un Traité à part, je n'en parlerai point du tout dans cet ouvrage.

CHAPITRE II.

Concordance des Temps et des Modes des Verbes.

En grammaire, on appelle *concordance* la manière d'accorder l'un avec l'autre, suivant le génie de la langue, les mots qui composent un discours. Il n'est question ici que de l'accord des temps et des modes des verbes entre eux.

ARTICLE I.

Concordance des Temps de l'Indicatif et des Temps du Conditionnel.

La concordance des temps de l'indicatif entre eux n'est pas difficile : elle est enseignée par l'usage. Voici cependant les principaux rapports des temps de l'indicatif et du conditionnel.

Le présent de l'indicatif correspond à son propre temps et au parfait indéfini.

EXEMPLES :

Je PARLE quand vous PARLEZ.
Je PARLE quand vous AVEZ PARLÉ.

L'imparfait de l'indicatif correspond à son propre temps, au parfait défini, au parfait indéfini, et au plus-que-parfait.

EXEMPLES :

Je PARLAIS quand vous ENTRIEZ.

Je **PARLAIS** quand vous **ENTRÂTES.**
Je **PARLAIS** quand vous **AVEZ SONNÉ.**
Je **PARLAIS** quand vous **AVIEZ FINI.**

Le parfait défini correspond à son propre temps, mais presque toujours au parfait antérieur.

EXEMPLES :

Je **VINS** quand vous le **VOULÛTES.**
Je **PARTIS** quand on me l'**EUT PERMIS.**

Le parfait indéfini correspond à l'imparfait, à son propre temps, et au parfait antérieur indéfini.

EXEMPLES :

J'AI LU pendant que vous **ÉCRIVIEZ.**
Je suis **VENU** toutes les fois que vous l'**AVEZ VOULU.**
Je vous **AI PARLÉ** quand vous **AVEZ EU DINÉ.**

Le parfait antérieur correspond presque toujours au parfait défini.

EXEMPLES :

Quand j'**EUS FINI**, vous **COMMENÇÂTES.**
Après que j'**EUS DINÉ**, on **VINT** me chercher.
Dès que je **FUS ARRIVÉ**, on me **PLAÇA.**

Le plus-que-fait correspond à l'imparfait, au parfait défini, au parfait indéfini, et au plus-que-parfait.

EXEMPLES :

J'AVAIS FINI quand vous **COMMENCIEZ.**

J'AVAIS FINI quand vous COMMENÇÂTES.
J'AVAIS FINI quand vous AVEZ COM-
MENCÉ.
J'AVAIS FINI que vous n'AVIEZ pas encore
COMMENCÉ.

Le futur simple correspond à son propre temps
et au futur antérieur.

EXEMPLES :

Je LIRAI quand tu ÉCRIRAS.
Je LIRAI quand tu AURAS ÉCRIT.

Il correspond aussi au présent de l'indicatif, et au
parfait indéfini.

EXEMPLES :

Je SORTIRAI si vous le VOULEZ.
Je SORTIRAI si vous AVEZ FINI.

Le futur antérieur correspond au futur simple.

EXEMPLES :

Quand je SERAI REVENU, vous SORTIREZ.
Quand tu AURAS FINI, je COMMENCERAI.

Le présent du conditionnel correspond à son
propre temps, au passé du conditionnel, à l'imparfait, et au plus-que-parfait de l'indicatif.

EXEMPLES :

Quand je lui DONNERAIS tout ce que je pos-
sède, il ne SERAIT pas encore content.
Je SORTIRAIS quand vous SERIEZ REN-
TRÉ.

(23)

Je **PARTIRAIS** si vous le **VOULIEZ.**
Tu **COMMENCERAIS** si j'**AVAIS FINI.**

Le passé du conditionnel correspond à son propre temps et au plus-que-parfait de l'indicatif.

EXEMPLES :

J'**AURAIS TERMINÉ**, ou j'**EUSSE TER-MINÉ** mes affaires pendant que vous **AURIEZ TERMINÉ** les vôtres.
Je **SERAIS VENU**, ou je **FUSSE VENU** si tu l'**AVAIS VOULU.**

RÈGLES.

Ire RÈGLE. Lorsque le verbe de la première phrase est au présent ou au futur de l'indicatif, le temps du second verbe doit être celui qui peut exprimer ce qu'on a dans l'idée.

EXEMPLES :

On dit		tu es malade.
On dira		tu étais malade quand...
On soutient		tu fus malade la semaine dernière.
On soutiendra		tu as été malade cette semaine.
On assure	QUE	tu avais été malade quand ..
On assurera		tu seras malade si, ou quand, etc.
On croit		tu serais malade si, etc.
On croira		tu aurais été malade si, etc.
Il est certain		tu eusses été malade si, etc.

IIe RÈGLE. Lorsque le verbe de la première phrase est à l'imparfait, à un parfait, au plus-que-parfait, en un mot, à un autre temps que le présent ou le

(24)

futur , et que le second verbe exprime une action passagère,

1º On met ce second verbe à l'imparfait, si l'on veut marquer un présent relatif au premier verbe.

EXEMPLES :

Je CROYAIS que vous DORMIEZ.

On ASSURA que vous ÉTIEZ malade.

Nous AVONS PENSÉ que tu ÉTAIS à la campagne.

On m'A DIT que tu PARTAIS ce jour-là.

2º On met le second verbe au plus-que-parfait, si l'on veut exprimer un passé antérieur au premier verbe.

EXEMPLES :

Je CROYAIS que vous AVIEZ DORMI.

On ASSURA que vous AVIEZ déjà ÉTÉ malade.

Nous AVONS PENSÉ que tu avais ÉTÉ à la campagne.

On m'a DIT que tu ÉTAIS PARTI quand.....

3º On met le second verbe au présent du conditionnel, si l'on veut exprimer un futur absolu.

EXEMPLES :

Je CROYAIS que vous DORMIRIEZ.

On CRUT que vous SERIEZ malade le lendemain.

Nous AVONS PENSÉ que tu IRAIS à la campagne.

On m'AVAIT DIT que tu PARTIRAIS ce jour-là.

REMARQUES IMPORTANTES.

Ire REMARQUE. Quel que soit le temps du premier verbe, il faut mettre le second verbe au présent de l'indicatif, s'il s'agit d'une vérité constante, d'une vérité éternelle, d'une chose qui n'est dépendante d'aucune circonstance de temps.

EXEMPLES :

Nous *avons* toujours *pensé* qu'il EXISTE un Dieu, et que sa puissance EST infinie.

Je vous *disais* que le nombre cinq répété quatre fois ÉGALE le nombre quatre répété cinq fois.

Vous *avez appris* dans votre dernière leçon que l'adjectif s'ACCORDE en genre et en nombre avec le substantif auquel il est joint.

IIe REMARQUE. Quel que soit le temps du premier verbe, il faut mettre le second verbe au présent, s'il s'agit de quelque chose qui existe encore au moment où l'on parle.

EXEMPLES :

Dans le mémoire que j'ai présenté pour vous, je n'*ai* pas *oublié* de dire que vous ÊTES veuve, et que vous AVEZ six enfants.

Je *savais* bien que votre père A une maison à Paris.

Ce matin, j'*ai interrogé* votre fils, et j'*ai trouvé* qu'il EST très instruit pour son âge.

Nous *savions* depuis long-temps que ces deux jeunes gens SONT amis.

On *a cru* nous apprendre une nouvelle en nous *disant* que cet homme JOUIT d'une fortune considérable.

Va chez mon fils, et *dis*-lui que je SUIS bien malade.

Monsieur, votre père m'a *chargé* de vous *dire* qu'il EST bien malade.

Je vais voir mon père, qui *vient de me faire dire* qu'il EST bien malade.

Dans les phrases ci-dessus, un autre temps que le présent serait une faute, puisque c'est au moment où l'on parle que la femme est veuve et qu'elle a six enfants, que le père a une maison à Paris, que le fils est instruit, que les jeunes gens sont amis, etc.

D'après cela, je crois qu'on peut, sans balancer, condamner les phrases suivantes, quoiqu'elles appartiennent à de très bons écrivains et à de très bons grammairiens :

1°. On me *dit* hier que vous AVIEZ une place de conseiller d'honneur dans le parlement : je vous en fais mon compliment, monsieur.

Mme DE SIMIANE.

Comme il est probable que celui à qui on écrit a encore sa place quand on lui en fait compliment, il faut AVEZ au lieu de AVIEZ.

2° Un paysan suisse qui se croyait le plus riche de tous les hommes, et à qui on tâchait d'expliquer ce que c'ÉTAIT qu'un roi, demandait d'un air fier si le roi pourrait bien avoir cent vaches à la montagne.

J.-J. Rousseau.

Un peu plus ou un peu moins absolu, un roi est aujourd'hui ce qu'il était autrefois : il faut donc, *ce que c'EST qu'un roi*, et non *ce que c'ÉTAIT*.

3° J'*ai* aussi *remarqué* que les plus pompeuses parures ANNONÇAIENT le plus souvent de laides femmes.

Le même.

On a remarqué une chose qu'on regarde comme habituelle, et non comme passagère : donc AN-NONCENT au lieu de ANNONÇAIENT.

4° Je me *suis proposé* dans ce livre de *dire* tout ce qui se POUVAIT faire, laissant à chacun le choix de ce qui est à sa portée dans ce que je puis avoir dit de bien.

Le même.

Ce n'est pas rendre un grand service aux hommes que de leur dire ce qu'on *pouvait* faire ; il faut leur dire ce qu'on *peut* faire : il faut donc PEUT au lieu de POUVAIT.

5° Depuis long-temps nous nous *étions aperçus*, mon élève et moi, que l'ambre, le verre, la cire, divers corps frottés, ATTIRAIENT les pailles, et que d'autres ne les ATTIRAIENT pas.

Le même.

Le maître et l'élève se sont aperçus d'une chose

qui n'est pas accidentelle, mais d'une chose qui est de tous les temps : il faut donc ATTIRENT au lieu de ATTIRAIENT.

6º Cécilius s'est étendu fort au long sur le premier, comme s'il eût été inconnu avant lui, et n'a rien dit du second. Il *a expliqué* ce que c'ÉTAIT que le sublime, et *a négligé* de nous apprendre comment on PEUT y parvenir.

LA HARPE.

Le sublime est ce qu'il était, et ce qu'il sera toujours ; il faut donc c'EST au lieu de c'ÉTAIT. L'auteur n'a pas fait la même faute dans la proposition suivante, où il a mis PEUT.

7º Nous *avons* déjà *remarqué* que le lieu de la scène CHANGEAIT souvent dans cette comédie, et que par conséquent l'unité de lieu n'y ÉTAIT pas observée.

VOLTAIRE, *Commentaire sur le Menteur.*

Quand l'auteur écrivait, la comédie était ce qu'elle était auparavant, et ce qu'elle est encore : il faut donc CHANGE et EST au lieu de CHANGEAIT et ÉTAIT.

8º Elle la pria, non pas comme sa mère, mais comme son amie, de lui faire confidence de toutes les garanties qu'on lui dirait ; et elle lui *promit* de lui *aider* à se conduire dans des choses où l'on ÉTAIT souvent embarrassé quand on ÉTAIT jeune.

LA PRINCESSE DE CLÈVES.

(29)

Il est aisé de sentir qu'il faut, *où l'on EST souvent embarrassé quand on EST jeune.*

9° Vous *avez vu* que pour découvrir le méca-
nisme d'une montre, il la FAUT décomposer,
c'est-à-dire en séparer les parties, les distribuer
avec ordre, et les étudier chacune à part...... Vous
avez jugé, en conséquence, que pour connaître
parfaitement la pensée, il la FALLAIT décomposer, et en étudier successivement toutes les idées,
comme vous étudieriez toutes les parties d'une
montre.

CONDILLAC, Grammaire.

Il faut le présent dans la seconde phrase comme
dans la première.

10° Desfontaines n'a pris la plume que pour
contredire d'Olivet. Ses raisons sont faibles. Nous
avons fondu dans ce commentaire ce qu'il y AVAIT
d'intéressant dans ses remarques.

AIMÉ MARTIN, Avis sur une édition de Racine.

Il est clair qu'il faut, *ce qu'il y* A au lieu de *ce
qu'il y* AVAIT.

11° Nous *avons dit* que les prépositions
AVAIENT toujours un régime exprimé ou sous-
entendu.—Nous *avons dit* que l'adverbe n'ÉTAIT
jamais suivi d'un régime. — J'*ai dit* que nous
AVIONS deux sortes de noms collectifs, les collectifs partitifs, et les collectifs non partitifs.

WAILLY. LÉVIZAC.

12º Nous *avons dit*, en commençant, que la parole ÉTAIT un art, et nous le prouvons.

SICARD.

Prouver que la parole ÉTAIT un art n'est pas prouver que la parole EST un art; c'est cependant ce que l'auteur a voulu dire ; car, au commencement de son ouvrage, il a dit :

La parole EST un art, etc.

Les phrases suivantes sont plus correctes.

1º Ayez la charité de perdre cette opinion, et de vous attendre plutôt à être fort mal payée ; **car** je vous *ai* déjà *dit* que je SUIS un très mauvais payeur.

2º J'ai *fait* cent fois réflexion en écrivant, qu'il EST impossible, dans un long ouvrage, de donner toujours les mêmes sens aux mêmes mots.

3º Tout le monde *a éprouvé* qu'en voyageant la nuit on PREND un buisson dont on est près pour un grand arbre dont on est loin.

4º J'*ai dit* que les bandages du maillot, ainsi que les corps qu'on fait porter aux enfants et aux filles dans leur jeunesse, PEUVENT corrompre l'assemblage du corps et produire plus de difformités qu'ils n'en préviennent.

5º Nous *avons dit* que la nature MARCHE et AGIT par degrés imperceptibles et par nuances.

6º Nous *avons* aussi *reconnu* qu'il y A des variétés dans cette espèce pour le fond du poil et pour la couleur des taches.

7ᵉ Nous *avons dit*, dans l'histoire des quadrupè-
des, que l'éléphant A le sens de l'ouïe très bon;
qu'il se DÉLECTE au son des instruments, et
PARAÎT aimer la musique; qu'il APPREND
aisément à marquer la mesure, à se remuer en
cadence, etc.

8º Vous *avez commencé* à me dire qu'il y A sur
cette côte diverses colonies grecques. Ces peuples
doivent être disposés à vous secourir.

9º Vous devez vous rappeler que je vous *ai dit*,
dans le temps, que la généralité des principes
FAIT honneur aux langues, et qu'on DOIT les
y ramener autant qu'il est possible.

10º Nous *avons vu* que l'affirmation EST la
principale fonction du verbe.

Le présent seul convient dans les exemples ci-
dessus, puisqu'il s'agit de choses qui sont, au
moment où l'on parle, ce qu'elles étaient auparavant.

Voici une phrase où l'imparfait est bien employé après le parfait indéfini :

La perte que les Hospitaliers avaient faite contre ces barbares ne ralentit point leur zèle, leur
courage. Nous *avons dit* que ces chevaliers FAI-
SAIENT face de tous côtés, et se TROUVAIENT
en même temps dans tous les endroits où les chré-
tiens faisaient la guerre aux infidèles.

VERTOT, *Histoire des Chevaliers de Malte.*

IIIᵉ REMARQUE. Souvent on emploie mal à pro-

(32)

pos le plus-que-parfait au lieu du parfait indéfini.
On doit dire :

J'ai *appris* que vous AVEZ ÉTÉ malade; et
non que vous *aviez été* malade.

On m'a *dit* que vous AVEZ ÉTÉ très satisfait
du spectacle d'hier; et non *aviez été*.

Je vous *ai* déjà *dit* que j'AI ÉCRIT à votre père
au sujet de cette affaire; et non j'*avais écrit*.

J'ai *instruit* tes parents des succès que tu AS
OBTENUS cette année, et non *avais obtenus*.

Dans toutes ces phrases, il est question d'un
passé, mais d'un passé vague, et non d'un passé
antérieur; c'est pourquoi le plus-que-parfait serait
une faute.

IVe REMARQUE. On emploie encore mal à propos le conditionnel au lieu du futur. Il faut dire :

Nous *avons appris* que vous PASSEREZ l'été à
la campagne; et non *passeriez*.

J'ai *prévenu* ton père que tu IRAS passer quelques jours chez lui; et non *irais*.

On vous *a* sans doute *dit* que nous ne REVIEN-
DRONS que dans trois mois; et non *reviendrions*.

Le sens demande le futur, et non le conditionnel,
parcequ'il s'agit d'une chose positive, et qu'il n'y
a aucune condition ni exprimée ni sous-entendue.

Remarque de M. DUCLOS, *édition de* 1780,
page 180.

« On emploie encore le plus-que-parfait, quoi-
» que l'imparfait convînt quelquefois mieux, après
» la conjonction SI.

(33)

« *Je vous aurais salué si je vous* AVAIS VU. La
» phrase est exacte, parcequ'il s'agit d'une action
» passagère ; mais celui qui aurait la vue assez
» basse pour ne pas reconnaître les passants, di-
» rait naturellement, *si je* VOYAIS, et non *si j'*AVAIS
» VU, attendu que son état habituel est de ne pas
» voir. Ainsi on ne devrait pas dire, *Il n'aurait pas*
» *souffert cet affront s'il* AVAIT ÉTÉ *sensible ;* il faut,
» *s'il* ÉTAIT, attendu que la sensibilité est une qua-
» lité permanente. »

ARTICLE II.

Dans quels cas il faut faire usage du subjonctif.

1° On emploie le subjonctif après les verbes qui
expriment une volonté, un commandement, un
souhait, un desir, un doute, une crainte, la peur
que quelque chose ne se fasse ; comme, *aimer que,*
aimer mieux que, desirer que, souhaiter que, attendre
que, vouloir que, commander que, ordonner que, exi-
ger que, permettre que, souffrir que, préférer que,
prier que, s'étonner que, consentir que, mériter que,
douter que, craindre que, trembler que, avoir peur que,
appréhender que, empêcher que, prendre garde que, etc.
Les six derniers veulent la négation *ne* devant le
subjonctif.

EXEMPLE :

Aimer que.

Aimez qu'on vous CONSEILLE et non pas *qu*'on vous LOUE.

BOILEAU.

2.

(34)

Aimer mieux que.

J'*aimerais mieux* encor *qu'il* DÉCLINÂT son nom,
Et DÎT, je suis Oreste, ou bien Agamemnon,
Que d'aller, par un tas de confuses merveilles,
Sans rien dire à l'esprit, étourdir les oreilles.

BOILEAU.

Vouloir que.

Il faut au moins du Rhin tenter l'heureux passage.
Un trop juste devoir *veut que* nous l'ESSAYIONS.

Le même.

Sur qui, dans son malheur, *voulez-vous qu'il* s'APPUIE?

RACINE.

Attendre que.

Laissez-moi donc ici, sous leurs ombrages frais,
Attendre que septembre AIT RAMENÉ l'automne,
Et que Cérès contente AIT FAIT place à Pomone.

BOILEAU.

Souffrir que.

Souffrez que pour jamais le tremblant Hippolyte
DISPARAISSE des lieux que votre épouse habite.

RACINE.

Consentir que.

Je *consens que* mes yeux SOIENT toujours abusés.

Le même.

Je *consens* de bon cœur, pour finir ma folie,
Que tous les vins pour moi DEVIENNENT vins de Brie,
*Qu'*à Paris le gibier MANQUE tous les hivers,
Et *qu'*à peine au mois d'août l'on MANGE des pois verts.

BOILEAU.

Demander que.

Tel qu'il est, tous les Grecs *demandent qu'il* PÉRISSE.

RACINE.

Ordonner que.

Mon père même, hélas ! puisqu'il faut te le dire,
Mon père, en me sauvant, *ordonne que* j'EXPIRE.

Le même.

Commander que.

Commandez qu'on vous AIME, et vous serez aimé.
RACINE.

Craindre que.

Craignez, seigneur, *craignez* que le ciel rigoureux
Ne vous HAISSE assez pour exaucer vos vœux.
Le même.

Je craignais que le ciel, par un cruel secours,
Ne vous OFFRÎT la mort que vous cherchiez toujours.
Le même.

Trembler que.

Je *tremble* qu'Athalie, à ne vous rien cacher,
Vous-même de l'autel vous faisant arracher,
N'ACHÈVE enfin sur vous ses vengeances funestes,
Et d'un respect forcé ne DÉPOUILLE les restes.
Le même.

Je *tremble que* sur lui votre juste colère
Ne POURSUIVE bientôt une odieuse mère.

Prendre garde que.

Prends garde que jamais l'astre qui nous éclaire
Ne te VOIE en ces lieux mettre un pied téméraire.
Le même.

Garder que.

Gardez qu'une voyelle à courir trop hâtée
Ne SOIT d'une voyelle en son chemin heurtée.
BOILEAU.

C'est peu que.

C'était peu que sa main, conduite par l'enfer,
EÛT PÉTRI le salpêtre, EÛT AIGUISÉ le fer.
Le même.

S'étonner que.

Je ne *m'étonne* plus *qu'*interdit et distrait,
Votre père AIT PARU nous revoir à regret.

REMARQUES.

Quelques verbes veulent, dans la phrase subordonnée, tantôt l'indicatif, tantôt le subjonctif.

DIRE, signifiant *on expose, on rapporte;* PRÉTEN-
DRE, signifiant *soutenir, être persuadé;* ENTENDRE,
signifiant *comprendre,* veulent après la conjonction
que l'indicatif ou le conditionnel.

Mais les mêmes verbes signifiant *ordonner, commander, exiger,* veulent le subjonctif après la conjonction *que.*

EXEMPLES :

DIRE QUE, *avec l'indicatif.*

On *dit,* et sans horreur je ne puis le redire,
Qu'aujourd'hui par votre ordre Iphigénie EXPIRE;
Que vous-même, étouffant tout sentiment humain,
Vous l'allez à Calchas livrer de votre main.
On *dit que* sous mon nom à l'autel appelée,
Je ne l'y conduisais que pour être immolée;
Et *que* d'un faux hymen nous abusant tous deux,
Vous VOULIEZ me charger d'un emploi si honteux.
RACINE.

PRÉTENDRE QUE, *avec l'indicatif.*

Il presse cet hymen qu'on *prétend* qu'il DIFFÈRE,
Et vous cherche brûlant d'amour et de colère.
Le même.

On *prétend que* Thésée A PARU dans l'Épire.
Le même.

ENTENDRE QUE, *avec l'indicatif.*

J'*entends que* vous vous TROMPEZ dans votre
calcul.—Il *entend que* nous PARLONS de lui.

DIRE QUE, *avec le subjonctif.*

Je *dis,* monsieur, *que* vous nous DONNIEZ de
l'argent, s'il vous plaît.
MOLIÈRE.

As-tu *dit* qu'on ALLAT me chercher deux notaires?
REGNARD.

De vos ordres, seigneur, j'ai *dit qu'*on l'AVERTISSE.
RACINE.

PRÉTENDRE QUE, *avec le subjonctif.*

Je *prétends* bien *qu'*il VIENNE au bal avec moi.
MOLIÈRE.

Et tu *prétends*, ivrogne, *que* les choses AILLENT
toujours de même ? *Le même.*

ENTENDRE QUE, *avec le subjonctif.*

Mon cœur, qu'avec raison votre discours étonne,
N'*entend* pas *que* mes yeux FASSENT mal à personne.
MOLIÈRE.

Je n'*entends* point *que* vous AYEZ d'autres
noms que ceux qui vous ont été donnés par vos
parrains et vos marraines. *Le même.*

Le verbe *faire* signifiant *tâcher*, *faire en sorte*,
demande le subjonctif dans la phrase subordonnée.

EXEMPLES :

*Fais qu'*au juste héritier le sceptre SOIT remis.
RACINE.

*Faites qu'*en ce moment je lui PUISSE annoncer
Un bonheur où peut-être il n'ose plus penser.
Le même.

Mais quand le verbe qui suit le verbe *faire* exprime une chose positive, ce second verbe se met
à l'indicatif.

EXEMPLES :

Mon roi, par son rare mérite,
A *fait que* la terre EST petite
Pour un nom si grand que le sien.
MALHERBE.

Dieu tient le cœur des rois entre ses mains puissantes,
Il *fait que* tout PROSPÈRE aux ames innocentes.

RACINE.

Mon dieu ! je ne sais si vous dites vrai, ou non ;
mais vous *faites que* l'on vous CROIT.

MOLIÈRE.

2° Dans les phrases interrogatives qui expriment
le doute, l'incertitude, ce qui a lieu quand celui
qui interroge a pour but d'apprendre quelque
chose qu'il ne sait point, le verbe de la phrase
subordonnée se met au subjonctif.

EXEMPLES :

Croyez-vous qu'il VIENNE aujourd'hui ?
Pensez-vous que cela SOIT vrai ?
Remarques-tu qu'il FASSE quelques progrès ?
Prévoit-on qu'il REVIENNE bientôt ?
Soupçonnez-vous que cela PUISSE avoir lieu ?
Aurait-on présumé qu'il PÛT arriver sitôt ?

Mais dans les phrases interrogatives où celui qui
interroge a pour but de savoir si la personne qu'il
interroge a connaissance d'une chose qui est cer-
taine, le verbe de la phrase subordonnée se met à
l'indicatif ou au conditionnel.

EXEMPLES :

Savez-vous que j'AI ÉTÉ malade ?
Vous *a-t-on dit* que mon frère EST ARRIVÉ ?
Sait-il que nous PARTONS bientôt ?
Lui *a-t-on dit* que nous REVIENDRONS
demain ?

Sais-tu que sans ton frère tu SERAIS bien malheureux ?

Pourriez-vous démontrer que, dans une proportion, le produit des extrêmes EST égal au produit des moyens ?

3° La plupart des phrases négatives veulent le verbe de la phrase subordonnée au subjonctif.

EXEMPLES :

Je ne crois pas que vous PUISSIEZ venir.

On ne pense pas que nous SOYONS assez heureux pour réussir.

On ne voit pas que vous FASSIEZ bien.

Je ne présume pas qu'on en VIENNE à ce point.

Je n'aurais jamais imaginé que cela PÛT se faire

Je ne réponds pas que votre père y CONSENTE.

4° Quand le verbe de la phrase principale est précédé de la conjonction SI, marquant le doute, le verbe de la phrase subordonnée se met au subjonctif.

EXEMPLES :

Avec l'indicatif.	*Avec le subjonctif.*
Je vois qu'il VIENT.	SI je vois qu'il VIENNE.
J'aperçois qu'il FAIT attention.	SI j'aperçois qu'il FASSE attention.
Je croyais que tu POUVAIS sortir.	SI je croyais que tu PUSSES sortir.
Je pensais que vous ÉTIEZ malade.	SI je pensais que vous FUSSIEZ malade.
Je trouve que cela VA beaucoup mieux.	SI je trouve qu'il AILLE mieux.
J'apprends qu'il DOIT partir.	SI j'apprends qu'il PARTE.

5° **On** emploie le subjonctif après la plupart des verbes impersonnels ou employés impersonnellement ; comme , *il faut, il importe, il est à propos, il est à souhaiter, il est à désirer, il semble, il est nécessaire, il est possible, il vaut mieux, il suffit,* etc.

EXEMPLES :

Il faut que je VIENNE.

Il importe que cela se FASSE.

Il est à propos que nous PARTIONS.

Il est à souhaiter que tu AILLES à la campagne.

Il est à desirer que tu REVIENNES promptement.

Il semble que vous SOYEZ fâché (1).

Il est nécessaire que je FINISSE aujourd'hui.

Il serait possible que tu ne PARTISSES que demain.

Il vaut mieux que nous SOYONS arrivés ce matin.

Il suffit que vous SOYEZ content.

Mais les verbes suivants , *il est vrai, il est sûr, il est incertain, il est probable, il est prouvé, il s'ensuit, il paraît,* veulent l'indicatif après le QUE , à moins

____

(1) *Il semble* veut le subjonctif quand il est sans régime indirect ; mais s'il a un régime indirect, comme, *il ME semble, il TE semble, il LUI semble, il NOUS semble, il VOUS semble, il LEUR semble,* alors il veut l'indicatif après le *que*. *Il semble,* sans régime, entre aussi en concordance avec l'indicatif.

qu'il n'y ait *interrogation* ou *négation,* parcequ'alors il faudrait le subjonctif.

EXEMPLES :

Il est vrai que vous AVEZ tort.

Il est sûr que nous AVONS raison.

Il est certain que cela EST faux.

Il est probable que tu AURAS FINI demain.

Il est prouvé que cet homme EST coupable.

Il s'ensuit que nous PARTIRONS bientôt.

Il paraît que vous ne VOULEZ pas.

6° On emploie le subjonctif après les conjonctions suivantes :

Afin que,	*En cas que,*	*Quoique* (1),
Avant que,	*Encore que,*	*De peur que,*
A moins que,	*Sans que ,*	*De crainte que ,*
Au cas que,	*Bien que,*	*Loin que,*
Posé que,	*Pourvu que,*	*Soit que ,*
Supposé que,	*Si peu que ,*	*Non que,*
Pour que,	*Pour peu que,*	*Non pas que ;*

et après les locutions *quoi que, quelque... que, quel* ou *quelle que, quels* ou *quelles que.*

EXEMPLES :

Afin que.

Je nomme nettement les personnes que je veux nommer, toujours dans la vue de louer leur vertu ou leur mérite : j'écris leurs noms en lettres capi-

---

(1) Il ne faut pas confondre la conjonction *quoique,* écrite d'un seul mot, avec la locution composée, *quoi que,* qui signifie *quelque chose que,* et qui demande aussi le subjonctif

tales , *afin qu'*on les *voie* de loin , et *que* (sous-entendu *afin*) le lecteur ne COURE pas risque de les
manquer. LA BRUYÈRE.

Avant que.

Pisistrate, que j'ai embrassé ce matin, n'est plus :
il ne nous en reste qu'un douloureux souvenir. Au
moins si tu avais fermé les yeux de Nestor *avant
que* nous EUSSIONS FERMÉ les tiens, il ne ver-
rait pas ce qu'il voit, il ne serait pas le plus malheureux de tous les pères. TÉLÉMAQUE.

En cas que.

Mais quand Astarbé comprit qu'il ne lui restait
aucune espérance , elle devint semblable à une
furie sortie de l'enfer; elle avala du poison qu'elle
portait toujours sur elle pour se faire mourir,
*en cas qu'*on VOULÛT lui faire souffrir de longs
tourments. TÉLÉMAQUE.

Encore que.

L'âne, s'il eût osé, se fût mis en colère,
*Encor qu'*on le RAILLÂT avec juste raison.
LA FONTAINE.

Sans que.

Tout le monde déplorait en secret la perte de
la liberté, *sans qu'*il se TROUVÂT dans la répu-
blique aucun citoyen assez généreux pour tenter de
rompre ses chaînes. VERTOT.

Bien que, quoique.

Rien n'est moins sincère que la manière de
demander et de donner des conseils. Celui qui en
demand eparaît avoir une déférence respectueuse

pour les sentiments de son ami, *bien qu*'il ne
PENSE qu'à lui faire approuver les siens et à le
rendre garant de sa conduite ; et celui qui conseille
paie la confiance qu'on lui témoigne d'un zèle
ardent et désintéressé, *quoiqu*'il ne CHERCHE le
plus souvent, dans les conseils qu'il donne, que
son propre intérêt ou sa gloire.

LA ROCHEFOUCAULD.

De peur que.

Astarbé fit entendre au roi qu'il fallait l'éloigner,
de peur qu'il ne PRÎT des liaisons avec les mécon-
tents. TÉLÉMAQUE.

Pour que.

Nous convenons de nos défauts,
Mais c'est *pour que* l'on nous DÉMENTE.

FLORIAN.

Je faisais ma cour tous les jours à l'enfant *pour
qu*'il n'OUBLIÂT point ce que je lui avais
demandé. FLORIAN.

Pour peu que.

Au reste, ne soyez point en peine de la multi-
plication de votre peuple ; il deviendra bientôt
innombrable, *pourvu que* vous FACILITIEZ les
mariages. TÉLÉMAQUE.

Pour peu que.

Pour peu que vous me PRESSIEZ, vous me
trouverez assez disposée à vous dire l'affaire ; et
j'ai une démangeaison naturelle à faire part des
contes que je sais. MOLIÈRE.

Si peu que.

Philoctète naturellement parlait moins : mais il était prompt ; et *si peu qu'*on EXCITÂT sa vivacité, on lui faisait dire ce qu'il avait résolu de taire.

TÉLÉMAQUE.

Soit que.

Souvent j'habille en vers une maligne prose ;
C'est par là que je vaux si je vaux quelque chose.
Ainsi *soit que* bientôt, par une dure loi,
La mort d'un vol affreux VIENNE fondre sur moi,
Soit que le ciel me GARDE un cours long et tranquille,
A Rome ou dans Paris, aux champs ou dans la ville,
Dût ma muse par là choquer tout l'univers,
Riche, gueux, triste ou gai, je veux faire des vers.

BOILEAU.

Non que.

Non que la peur du coup dont je suis menacée,
Me FASSE rappeler votre bonté passée :
Ne craignez rien ; mon cœur, de votre honneur jaloux,
Ne fera point rougir un père tel que vous.

RACINE.

Quoi que.

*Quoi qu'*il VEUILLE faire, il n'entreprendra jamais rien qui soit au-dessus de ses forces.

J.-J. ROUSSEAU.

Tes écrits, il est vrai, sans art et languissants,
Semblent être formés en dépit du bon sens :
Mais ils trouvent pourtant, *quoi qu'*on en PUISSE dire,
Un marchand pour les vendre, et des sots pour les lire.

BOILEAU.

Quelque... que.

Qui oserait se promettre de contenter les hommes? Un prince, *quelque* bon et *quelque* puissant *qu'il* **FÛT**, voudrait-il l'entreprendre?

Princes, *quelques* raisons *que* vous me **PUISSIEZ** dire,
Votre devoir ici n'a point dû vous conduire.
RACINE.

Quel que.

Car *quel que* **SOIT** vers vous le penchant qui m'attire,
Je vous le dis, seigneur, pour ne plus vous le dire,
Ma gloire me rappelle et m'entraîne à l'autel,
Où je vais vous jurer un silence éternel.
RACINE.

La loi dans tout état doit être univers elle ;
Les mortels, *quels qu'ils* **SOIENT**, sont égaux devant elle.
VOLTAIRE.

Cet article ne présente aucune difficulté, puisque toutes les conjonctions ci-dessus veulent toujours le subjonctif après elles.

Mais les conjonctions suivantes,

De sorte que, en sorte que, de façon que, de manière que, tellement que, jusqu'à ce que, veulent tantôt le subjonctif et tantôt l'indicatif : elles veulent l'indicatif quand le verbe de la première phrase exprime l'affirmation d'une chose positive ; mais elles veulent le subjonctif quand le verbe de la phrase principale exprime le souhait, le doute, le commandement.

EXEMPLES :

EN SORTE QUE, *avec le subjonctif.*

Astarbé vous défend de d écouvrir au roi quel est votre étranger ; elle ne vous demande que le silence, et elle saura bien faire *en sorte que* le roi **SOIT** content de vous.   TÉLÉMAQUE.

DE FAÇON QUE , *avec le subjonctif*.

Tous les chants doivent être liés ensemble *de façon que* le premier AMÈNE le second, celui-ci le troisième, et ainsi des autres.

Louis Racine.

Il fallut modérer sa gloire *de façon qu'*elle ne RÉVEILLÀT que l'attention et non pas la jalousie du prince.

Montesquieu.

JUSQU'A CE QUE , *avec le subjonctif*.

Le temps agréable qui est passé rend celui-ci douloureux, *jusqu'à ce que* je SOIS un peu accoutumée ; mais ce ne sera jamais assez pour ne pas souhaiter ardemment de vous revoir et de vous embrasser.

Mme DE Sévigné.

Ces énormes possessions sont restées en friche, et y resteront *jusqu'à ce qu'*une main vigoureuse et sage en PERMETTE ou en ORDONNE la division.

EN SORTE QUE, *avec l'indicatif*.

Il leur donna par le même traité le titre si recherché d'alliés et de citoyens ; *en sorte qu'*il TRAITA des vaincus aussi favorablement que s'ils avaient été victorieux.

Vertot.

Il m'avait persuadé que je pourrais facilement faire la conquête de cette île ; mais il fit *en sorte que* plusieurs choses MANQUÈRENT à Philoclès dans cette entreprise.

Télémaque.

DE SORTE QUE, *avec l'indicatif*.

Il demeura quelque temps sans pouvoir parler ;

madame de Clèves n'était pas moins interdite ; *de sorte qu'*ils GARDÈRENT assez long-temps le silence.   Mme DE LAFAYETTE.

JUSQU'A CE QUE, *avec l'indicatif.*

Le roi fut obligé de lever le siége et d'aller à sa rencontre au travers de tous les hasards de la guerre, *jusqu'à ce qu'enfin* les Espagnols ayant été chassés du royaume, il REVINT une troisième fois devant Paris, qui était toujours plus opiniâtré à ne point le recevoir.   VOLTAIRE.

Boileau, en s'animant dans son discours contre la passion du vin, buvait avec lui (avec Chapelle), *jusqu'à ce qu'enfin* le prédicateur et le nouveau converti s'ENIVRÈRENT.   LOUIS RACINE.

Il se contenta d'envoyer dans la Lithuanie vingt mille Moscovites, qui y firent plus de mal que les Suédois, fuyant partout devant le vainqueur, et ravageant les terres des Polonais, *jusqu'à ce que,* poursuivis par les généraux Suédois, et ne trouvant plus rien à piller, ils s'en RETOURNÈRENT par troupes dans leur pays.
                    VOLTAIRE.

7° Les pronoms relatifs *qui, que, lequel, laquelle, dont, où,* veulent le subjonctif après eux quand ils ont pour antécédent un nom ou un pronom employé dans une phrase qui marque le doute, le désir, l'interrogation, ou le commandement.

EXEMPLES :

Pronoms relatifs avec l'ind.	*Pronoms relatifs avec le subj.*
Je connais quelqu'un QUI POURRA vous rendre ce service.	Connaissez-vous quelqu'un QUI PUISSE me rendre ce service ?
Voilà un livre QUE vous POURREZ consulter au besoin.	Donnez-moi un livre que je PUISSE consulter au besoin.
Prêtez-moi ce livre, DONT vous n'AVEZ pas besoin.	Prêtez-moi un livre DONT vous n'AYEZ pas besoin.
Ne quittez pas une place OÙ vous ÊTES commodément, et d'OÙ vous entendez bien.	Choisissez une place OÙ vous SOYEZ commodément, et d'OÙ vous ENTENDIEZ bien.

Voici un exemple bien sensible de l'emploi du subjonctif et de l'indicatif après le *pronom relatif :*

(C'est Diomède qui s'adresse aux rois alliés.)

Si vous craignez les dieux , et surtout Jupiter, qui a soin des étrangers, si vous êtes sensibles à la compassion , ne me *refusez* pas, dans ces vastes pays, quelque coin de terre infertile , quelques déserts, quelques sables , quelques rochers escarpés, pour y fonder, avec mes compagnons , une ville QUI SOIT du moins une triste image de notre patrie perdue. Nous ne demandons qu'un peu d'espace QUI vous SOIT inutile.

Diomède ne pouvait pas dire,

Pour fonder une ville QUI SERA..... *Nous ne demandons qu'un peu d'espace* QUI *vous* EST inutile.

parcequ'il n'était pas certain que ces rois eussent

de l'espace inutile, et que sa demande n'annonçait qu'un souhait, un desir.

Télémaque répond à Diomède :

Quoique je ne sois ici qu'étranger, je puis, grand Diomède, vous procurer quelques secours. Ces princes que vous voyez sont humains ; ils savent qu'il n'y a ni vertu, ni courage, ni gloire solide, sans l'humanité.

Ensuite Télémaque s'adressant aux Dauniens, leur dit :

Vous voyez, ô Dauniens, que nous avons donné à votre terre et à votre nation un roi capable d'en élever la gloire jusqu'au ciel : *donnez* aussi, puisque nous vous le demandons, une terre QUI vous EST inutile à un roi QUI EST digne de toutes sortes de secours.

Télémaque ne pouvait pas employer, comme Diomède, le subjonctif, et dire,

Donnez une terre QUI *vous* SOIT *inutile à un roi* QUI SOIT *digne de,* etc.,

parceque ce roi est présenté ici d'une manière bien positive, c'est Diomède ; et, pour ce qui est de la terre, Télémaque venait de dire aux Dauniens, en leur parlant des campagnes d'Arpi :

Ce peuple vous devra un établissement dans un pays que vous n'occupez point.

Il est certain qu'un pays qu'on n'occupe point est un pays inutile. Donc Télémaque a dû dire :

Donnez une terre QUI *vous* EST *inutile à un roi*
QUI EST *digne de,* etc.

Les pronoms relatifs veulent encore le subjonctif quand ils sont précédés d'un superlatif relatif (1), mais toujours dans les phrases qui n'expriment pas une affirmation positive.

EXEMPLES :

Le plus court parti QUE vous PUISSIEZ prendre, c'était de vous taire.

Le moindre (2) bruit QUE vous FASSIEZ, on l'entend tout de suite.

La plus noble conquête QUE l'homme AIT jamais FAITE est celle de ce fier et fougueux animal qui partage avec lui les fatigues de la guerre et la gloire des combats.

Superlatif avec l'Indicatif.	*Superlatif avec le Subjonctif.*
Ils sont deux frères ; mais c'est *le plus jeune* QUE je CONNAIS.	Il est possible qu'il y en ait de plus jeunes ; mais c'est *le plus jeune* QUE je CONNAISSE.
Il y a deux routes qui conduisent à cet endroit ; c'est *la plus longue* QUE vous AVEZ PRISE.	La maison que vous avez achetée est une *des plus belles* QU'on AIT BÂTIES depuis long-temps.
Il a fait plusieurs tableaux ; mais c'est *le meilleur* QU'il a EXPOSÉ au salon.	Le tableau qu'il a exposé cette année au salon est *le meilleur* QU'il AIT FAIT jusqu'à présent.

____

(1) On appelle *superlatif relatif* un adjectif précédé de ces mots, *le plus, le moins ;* comme *le plus fort, le moins fort, le plus grand, le moins grand.*

(2) *Le moindre* signifie *le plus petit.*

8° On emploie le subjonctif après la conjonction QUE, employée pour *si*, *afin que*, *soit que*, *sans que*, *avant que*, *à moins que*, *jusqu'à ce que*, *de ce que*.

EXEMPLES :

Si vous revenez ici, et QUE je n'y SOIS pas, vous m'attendrez.

C'est-à-dire, *si* vous *revenez* ici, et *si* je n'y *suis* pas, etc.

Mon ami, appliquez-vous, QUE vos parents SOIENT contents.

C'est-à-dire, *afin que* vos parents *soient* contents.

QUE je LISE ou QUE j'ÉCRIVE, on y trouve toujours à redire.

C'est-à-dire, *soit que* je *lise*, *soit que* j'*écrive*, etc.

Je ne puis rien dire QUE tu ne le SACHES.

C'est-à-dire, *sans que* tu le *saches*.

Ne commencez pas QUE je ne vous AVER-TISSE.

C'est-à-dire, *avant que* je vous *avertisse*.

Jamais on ne le punit QU'il ne l'AIT MÉRITÉ.

C'est-à-dire, *à moins qu'il* ne l'*ait mérité*, *sans qu'il l'ait mérité*.

Attendez QUE votre père REVIENNE.

C'est-à-dire, *jusqu'à ce que* votre père *revienne*.

J'étais content QUE vous VINSSIEZ me voir.

C'est-à-dire, j'étais content *de ce que* vous *veniez* me voir.

La conjonction QUE, au commencement

d'une phrase, marque ordinairement un ordre, un commandement, un consentement : alors le verbe qui suit est toujours au présent du subjonctif, parcequ'il y a de sous-entendu, *je veux, je souhaite, je consens, il faut.*

EXEMPLES :

QU'il PARTE le plus tôt possible.
QU'ils FASSENT attention.
QU'il REVIENNE sur-le-champ.

C'est comme s'il y avait,

Je veux
Je souhaite
Je desire   }   QU'il PARTE le plus tôt possible.
Je consens   QU'ils FASSENT attention.
Il faut   QU'il REVIENNE sur-le-champ.

9° Une phrase peut commencer par un verbe au subjonctif; c'est lorsqu'il y a ellipse d'un verbe et de la conjonction QUE.

EXEMPLES :

FASSE le ciel   }   que pareil malheur ne
FASSENT les dieux   }   vous arrive jamais !

C'est comme s'il y avait,

Je souhaite, je desire, il est à souhaiter, il est à desirer QUE le ciel FASSE, QUE les dieux FASSENT, etc.

PLÛT au ciel   }   que nous ne fussions jamais
PLÛT à Dieu   }   plus malheureux !

C'est comme s'il y avait,

Je voudrais, il serait à souhaiter, il serait à desirer QU'*il* PLÛT *au ciel,* QU'*il* PLÛT *à Dieu,* etc.

10° On emploie quelquefois le subjonctif par ellipse, en la place de la conjonction *quand même* et d'un *conditionnel*.

EXEMPLES :

DÛT-il m'en coûter tout ce que je possède, je saurai me préserver d'un semblable malheur.

FUSSENT-ils à cent lieues d'ici, j'irais les chercher!

C'est comme s'il y avait,

QUAND MÊME *il* DEVRAIT *m'en coûter tout ce que je possède*, etc. — QUAND MÊME *ils* SERAIENT *à cent lieues d'ici*, etc.

REMARQUE. Il est dans le génie de la langue française de préférer l'infinitif au subjonctif, toutes les fois que la construction de la phrase le permet.

EXEMPLES :

On dit, *Je viens pour vous* VOIR, et non *pour que je vous* VOIE.

On dit, *Je ne crois pas* POUVOIR *sortir demain*, plutôt que *Je ne crois pas que je* PUISSE *sortir demain*.

Je dis, *toutes les fois que la construction de la phrase le permet*, parcequ'il arrive souvent que l'infinitif, employé au lieu du subjonctif, fait amphibologie, et que l'infinitif qui paraît se rapporter à un mot, se rapporte à un autre, comme dans ces vers de RACINE :

(C'est Axiane qui parle à Alexandre.)
Qu'ai-je fait pour VENIR accabler en ces lieux
Un héros sur qui seul j'ai pu tourner les yeux?

Quand on lit le premier de ces deux vers, on doit croire que *pour venir* se rapporte à *Axiane*, et signifie, *pour que je* VIENNE ; cependant cet infinitif se rapporte à *Alexandre*, et signifie *pour que vous* VENIEZ.

Cette expression est claire pour celui qui lit la tirade entière ; elle ne l'est pas pour celui qui ne lit que les deux vers ci-dessus : cela suffit pour qu'il y ait amphibologie.

~~~~~~

ARTICLE III.

Concordance des Temps du Subjonctif avec ceux de l'Indicatif et du Conditionnel.

Il y a quatre temps dans le subjonctif ; le présent, l'imparfait ou présent relatif, le parfait, et le plus-que-parfait.

Le présent du subjonctif entre en concordance avec

Le présent
Le futur absolu   } de l'indicatif.
Le futur antérieur

EXEMPLES :

Je souhaite
Je souhaiterai   } *que tu* VIENNES.
J'aurai souhaité
~~~~~~

L'imparfait du subjonctif entre en concordance avec

L'imparfait
Les parfaits
Le plus-que-parfait
} de l'indicatif.

et avec

Le présent
Le passé
} du conditionnel.

EXEMPLES :

Je *souhaitais*
Je *souhaitai*
J'ai *souhaité*
J'eus *souhaité*
J'avais *souhaité*
Je *souhaiterais*
J'aurais *souhaité*
} *que tu* VINSSES.

Le parfait du subjonctif entre en concordance avec

Le présent
Le parfait indéfini
Le futur absolu
Le futur antérieur
} de l'indicatif.

EXEMPLES :

Je *souhaite*
J'ai *souhaité*
Je *souhaiterai*
J'aurai *souhaité*
} *que tu* AIES FINI.
que tu SOIS VENU (1).

____

(1) Sachez bien que le parfait du subjonctif se forme du présent du subjonctif du verbe *avoir*, ou du présent du subjonctif du verbe *être*, et d'un participe.

Le plus-que-parfait du subjonctif entre en concordance avec

L'imparfait
Les parfaits } de l'indicatif.
Le plus-que-parfait .

et avec

Le présent
Le passé } du conditionnel.

EXEMPLES :

Je *souhaitais*
Je *souhaitai*
J'*ai souhaité*
J'*eus souhaité* } *que* vous EUSSIEZ RÉUSSI.
J'*avais souhaité* } *que* vous FUSSIEZ VENUS (1).
Je *souhaiterais*
J'*aurais souhaité*

REMARQUE. Il est aisé de voir que le *présent* et le *parfait* du subjonctif entrent en concordance avec les mêmes temps de l'indicatif, et que l'*imparfait* et le *plus-que-parfait* du subjonctif entrent aussi en concordance avec les mêmes temps de l'indicatif et du conditionnel.

D'après celá, qu'est-ce donc qui doit déterminer s'il faut employer le présent ou le parfait, l'imparfait ou le plus-que-parfait? L'idée seule qu'on a en vue peut déterminer pour tel ou tel temps ; et pour cela voici deux règles certaines :

____

(1) Sachez bien aussi que le plus-que-parfait du subjonctif se forme de l'imparfait du subjonctif du verbe *avoir*, ou de l'imparfait du subjonctif du verbe *être*, et d'un participe.

PREMIÈRE RÈGLE.

Quand le verbe de la phrase principale est

Au présent
Au futur absolu } de l'indicatif,
Au futur antérieur

mettez le verbe de la phrase subordonnée au **PRÉSENT** du **SUBJONCTIF**, si vous voulez exprimer un *présent* ou un *futur* par rapport au premier verbe ; mais mettez le second verbe au **PARFAIT** du **SUBJONCTIF**, si vous voulez exprimer un *passé* par rapport au premier verbe.

Je *souhaite*
Je *doute* } *que* vous **SOYEZ** content à présent.
Je ne *crois* pas

Soyez marque un présent par rapport à *je souhaite, je doute, je ne crois pas.*

Je *souhaite*
Je *doute* } *que* vous **VENIEZ** demain.
Je ne *crois* pas

Veniez marque un futur par rapport à *je souhaite, je doute, je ne crois pas.*

Donc le présent et le futur du subjonctif se présentent sous la même forme.

Demain matin,

On *souhaitera* } *que* vous **SOYEZ** à l'ou-
On *desirera* vrage quand on ira
On *voudra* chez vous.

Soyez marque un futur, par rapport au moment

3.

où l'on parle, mais il marque un présent par rapport à *on souhaitera, on desirera, on voudra.*

Demain matin,

On *souhaitera*
On *desirera*
On *voudra*

} *que* vous ne COMMEN-
CIEZ à travailler qu'à
midi.

Commenciez marque un futur, non seulement
par rapport au moment où l'on parle, mais par
rapport à *on souhaitera, on desirera, on voudra.*

Voilà pour le présent et le futur ; voyons maintenant pour le passé.

Aujourd'hui,

Je *souhaite*
Je *desire*
Je *veux*
Je *doute*

} *que* nous AYONS RÉUS-
SI hier.
que vous SOYEZ ARRI-
VÉ hier assez tôt pour...

Ayez réussi, soyez arrivé, marquent un *passé* par
rapport à *je souhaite, je desire, je veux, je doute.*

Demain ,

On *souhaitera*
On *desirera*
On *voudra*
On *doutera*

} *que* nous AYONS RÉUS-
SI aujourd'hui.
que nous SOYONS AR-
RIVÉS ce matin.

Ayons réussi, soyons arrivés, marquent un *passé*
par rapport à *on souhaitera, on desirera, on voudra,
on doutera.*

Le futur antérieur demande presque toujours le
parfait du subjonctif.

(59)

EXEMPLES :

Hier,

On *aura voulu*
On *aura souhaité*
On *aura douté*
} *que* tu **AIES PU** réussir avant-hier.
que tu **SOIS VENU** il y a quelques jours.

Aies pu, sois venu, marquent un *passé* par rapport à *on aura voulu, on aura souhaité, on aura douté.*

DEUXIÈME RÈGLE.

Quand le verbe de la première phrase est

A l'imparfait
A l'un des parfaits
Au plus-que-parfait
} de l'indicatif,

ou

Au présent
Au passé
} du conditionnel,

mettez le verbe de la phrase subordonnée à l'IM-PARFAIT du SUBJONCTIF, si vous voulez exprimer un *présent* ou un *futur* par rapport au premier verbe ; mais mettez le second verbe au PLUS-QUE-PARFAIT du SUBJONCTIF, si vous voulez exprimer un *passé* par rapport au premier verbe.

EXEMPLES :

Hier vous *grondiez* votre fils, *quoiqu'il* **TRA-VAILLÂT** bien.

Dans cette phrase, *travaillât* marque un présent

relatif à *grondiez* : *Votre fils* TRAVAILLAIT *bien ; et, malgré cela, vous le* GRONDIEZ.

Je *voudrais* bien *que* vous VINSSIEZ demain avec moi.

Dans cette phrase, *vinssiez*, marque un futur par rapport à *je voudrais* : *Vous* POURRIEZ *venir demain avec moi, et je* VOUDRAIS *bien cela ;* ou, *si vous* POUVIEZ *venir demain avec moi, je le* VOUDRAIS.

Voilà pour le présent relatif et le futur ; voyons maintenant pour le passé.

Ce matin,

Je *doutais*	
Je *souhaitais*	*que* vous EUSSIEZ FINI hier,
Je *voulais*	ou
J'aurais *voulu*	*que* vous FUSSIEZ REVENU hier.

Eussiez fini, fussiez revenu, marquent un passé par rapport à *je doutais, je souhaitais, je voulais, j'aurais voulu.*

On dira donc avec l'imparfait du subjonctif, pour exprimer un présent relatif ou un futur par rapport au premier verbe :

Je *voulais*	
Je *voulus*	*que* tu CHANTASSES ; — *que* tu
J'ai *voulu*	VINSSES ; — *qu'il* PARTÎT ;
J'avais *voulu*	— *qu'il* ENTENDÎT ; — *que*
Je *voudrais*	vous ENTENDISSIEZ ; — *qu'il*
J'aurais *voulu*	se PROMENÂT ; — *que* vous
J'eusse *voulu*	nous PARLASSIEZ.

Et avec le plus-que-parfait du subjonctif, pour exprimer un passé par rapport au premier verbe :

Je *voulais* ⎫ *que* tu EUSSES CHANTÉ ; —*que*
Je *voulus* ⎪ tu FUSSES VENU ; — *qu'il*
J'ai *voulu* ⎪ FÛT PARTI ; — *qu'il* EÛT
J'avais *voulu* ⎬ ENTENDU ; —*que* vous EUS-
Je *voudrais* ⎪ SIEZ ENTENDU ; —*qu'il* se
J'aurais *voulu* ⎪ FÛT PROMENÉ ; —*que* vous
J'eusse *voulu* ⎭ nous EUSSIEZ PARLÉ.

ARTICLE IV.

Remarques importantes.

Ire REMARQUE. — Quoique le premier verbe soit au présent ou au futur de l'indicatif, on doit quelquefois mettre le second verbe à l'imparfait ou au plus-que-parfait du subjonctif, c'est ce qui arrive quand ce second verbe est suivi d'une expression conditionnelle. Ainsi,

Le premier verbe étant au présent ou au futur de l'indicatif, le second verbe se met au présent du subjonctif, quand la phrase conditionnelle est exprimé par SI, et un présent de l'indicatif ;

Le premier verbe étant au présent ou au futur de l'indicatif, le second verbe se met à l'imparfait du subjonctif, quand la phrase conditionnelle est exprimée par SI, et un imparfait de l'indicatif ;

Le premier verbe étant au présent ou au futur de l'indicatif, le second verbe se met au plus-que-parfait du subjonctif, quand la phrase conditionnelle est exprimée par SI, et au plus-que-parfait de l'indicatif.

EXEMPLES :

Je *doute*
{ *qu'il* RÉUSSISSE, SI on ne l'AI-
DE pas.
qu'il RÉUSSÎT, SI on ne l'AI-
DAIT pas.
qu'il EÛT RÉUSSI, SI ón ne
l'AVAIT pas AIDÉ.

Croyez-vous
{ *qu'il* VIENNE, SI je l'INVITE?
qu'il VÎNT, SI je l'INVITAIS?
qu'il FÛT VENU, SI je l'AVAIS
INVITÉ.

Cette expression conditionnelle est quelquefois sous-entendue : il en sera question au cinquième chapitre de cette seconde partie.

IIe REMARQUE. — Le participe présent équivaut souvent à l'imparfait de l'indicatif, et demande l'imparfait ou le plus-que-parfait du subjonctif, conformément à la seconde règle.

EXEMPLES :

Souhaitant
Desirant
Voulant
} *que* vous FUSSIEZ ici à midi, je vous ai envoyé chercher.

Cela signifie,

Comme je *souhaitais*
Comme je *desirais*
Comme je *voulais*
} *que* vous FUSSIEZ ici à midi, je vous ai envoyé chercher.

(63)

Ou bien,

Je vous ai envoyé chercher, PARCEQUE *je* SOUHAI-
TAIS, *je* DESIRAIS, *je* VOULAIS *que vous* FUSSIEZ
ici à midi.

Souhaitant
Desirant } *que* vous EUSSIEZ FINI avant
Voulant mon retour, je restai quelques
jours de plus à la campagne.

Cela signifie,

Comme je *souhaitais*
Comme je *desirais* } *que vous* EUSSIEZ FINI
Comme je *voulais* avant mon retour, je
restai quelques jours de
plus à la campagne.

Ou bien,

Je restai quelques jours de plus à la campagne, PAR-
CEQUE *je* SOUHAITAIS, *je* DESIRAIS, *je* VOULAIS *que*
vous EUSSIEZ FINI *avant mon retour.*

Mais si le participe présent peut se tourner par
le présent de l'indicatif, le second verbe se met au
présent ou au parfait du subjonctif, conformément
à la première règle.

IIIe REMARQUE.—Quelques locutions françaises
demandent une attention particulière.

1° ON DIRAIT, qui est un *conditionnel,* équivaut à IL SEMBLE, présent de l'indicatif, et
veut après le QUE, le présent ou le parfait du
subjonctif, quand le sens de la phrase demande le
subjonctif.

EXEMPLES :

ON DIRAIT QUE le ciel, qui se fond tout en eau ,
VEUILLE inonder ces lieux d'un déluge nouveau.

ON DIRAIT QUE pour plaire, instruit par la nature ,
Homère AIT à Vénus DÉROBÉ sa ceinture.

Mais avec *on dirait ,* on emploie aussi l'indicatif.

EXEMPLES :

ON DIRAIT, quand tu veux, QU'elle te VIENT chercher (1).

Cependant, à le voir avec tant d'arrogance
Vanter le faux éclat de sa haute naissance,
ON DIRAIT QUE le ciel EST soumis à sa loi,
Et QUE Dieu l'A PÉTRI d'autre limon que moi.

2° JE NE SAURAIS, qui est un conditionnel,
équivaut quelquefois à JE NE PUIS, présent de
l'indicatif, et veut après le QUE , le présent ou le
parfait du subjonctif.

EXEMPLE :

Dites, JE NE SAURAIS *faire la moindre chose*
QU'*on n'y* TROUVE *à redire* , et non, JE NE
SAURAIS *faire la moindre chose* QU'*on n'y*
TROUVÂT *à redire.*

C'est comme s'il y avait, JE NE PUIS *faire la
moindre chose* QU'*on n'y* TROUVE *à redire.*

Ne forçons point notre talent ;
Nous ne ferions rien avec grace :
Jamais un lourdaud, QUOI QU'il FASSE,
NE SAURAIT passer pour galant.

LA FONTAINE.

---

(1) BOILEAU s'adresse à MOLIÈRE, et lui parle de la *rime.*

IVe REMARQUE. — Quoique le premier verbe soit à l'imparfait, au parfait, ou au plus-que-parfait de l'indicatif, ou au conditionnel, on met le second verbe au présent du subjonctif, si ce second verbe exprime une vérité constante , une chose qui n'est dépendante d'aucune circonstance de temps.

EXEMPLES :

Je dirais d'un homme qui n'existe plus ,

Votre frère { ne FAISAIT point / n'A point FAIT / n'AURAIT point FAIT } { cette faute, *quoi-qu'il* FÛT moins instruit que vous. }

Cela signifie ,

Votre frère ÉTAIT *moins instruit que vous ; et, malgré cela, il ne* FAISAIT *point, il n'*A *point* FAIT, *il n'*AURAIT *point* FAIT *cette faute.*

Je dirais de même ,

Votre frère { ne POUVAIT pas faire / n'A pas PU faire / n'AURAIT pas PU faire } { ce que vous fai-tes , *quoiqu'il* PARÛT beau-coup plus fort que vous. }

Cela signifie ,

Votre frère PARAISSAIT *beaucoup plus fort que vous ; et, malgré cela, il ne* POUVAIT *pas faire , il n'*A *pas* PU *faire, il n'*AURAIT *pas* PU *faire ce que vous faites.*

Je dirais encore,

Votre frère { METTAIT / A MIS / AURAIT MIS } mes habits, *quoi-qu'il* FÛT beaucoup plus grand que moi.

Cela signifie,

Votre frère ÉTAIT *beaucoup plus grand que moi;* et, *malgré cela,* il METTAIT, *il* A MIS, *il* AURAIT MIS *mes habits.*

Dans les trois exemples ci – dessus, le défaut d'instruction, l'apparence de force, la grandeur de l'homme, n'existent plus, puisque l'homme n'existe plus; c'est pourquoi on emploie le présent relatif.

Mais, en parlant d'un homme vivant, je dirais,

Votre frère { ne FAIT point / ne FAISAIT point / n'A point FAIT / ne FERAIT point / n'AURAIT point FAIT } cette faute, *quoi-qu'il* SOIT moins instruit que vous.

Cela signifie,

Votre frère EST *moins instruit que vous;* et, *malgré cela,* il ne FAIT *point,* il ne FAISAIT *point,* il n'A *point* FAIT, *il ne* FERAIT *point,* il n'AURAIT *point* FAIT *cette faute.*

Je dirais de même,

Votre frère
{
ne FAIT pas
ne FAISAIT pas
n'A pas FAIT
ne FERAIT pas
n'AURAIT pas
FAIT
}
ce que vous fai-
tes , *quoiqu'il*
PARAISSE
beaucoup plus
fort que vous.

Cela signifie,

Votre frère PARAÎT *beaucoup plus fort que vous ; et, malgré cela,* il ne FAIT pas, il ne FAISAIT pas, il n'A pas FAIT, il ne FERAIT pas, il n'AURAIT pas FAIT *ce que vous faites.*

Je dirais encore,

Votre frère
{
MET
METTAIT
A MIS
METTRAIT
AURAIT MIS
}
mes habits, *quoi-
qu'il* SOIT beau-
coup plus grand
que moi.

Cela signifie,

Votre frère EST *beaucoup plus grand que moi ; et, malgré cela,* il MET , il METTAIT, il A MIS, il MET-TRAIT, il AURAIT MIS *mes habits.*

Dans les trois exemples ci-dessus, il est question d'un homme qui existe, par conséquent, son défaut d'instruction, l'apparence de force, sa grandeur, existent aussi ; c'est pourquoi il faut le présent absolu, et non le présent relatif, comme dans les trois exemples où il est question d'un homme qui n'existe plus,

Ve REMARQUE. —Le parfait indéfini entre ordinairement en concordance avec le parfait ou l'imparfait du subjonctif, comme dans ces phrases :

J'AI RÉUSSI, *quoique j'*AIE SUIVI *une route toute différente de celle que vous m'aviez indiquée.*

J'AI SOUHAITÉ *bien des fois que vous* **VINS-SIEZ** *me voir.*

Mais il arrive quelquefois que le verbe de la phrase principale étant au parfait indéfini, le verbe de la phrase subordonnée doit être au présent du subjonctif ; c'est lorsque, par ce verbe, on veut exprimer une chose présente dans le moment où l'on parle, ou future relativement à ce même moment. Par exemple, je ne crois pas qu'on puisse condamner la construction des phrases suivantes :

1° Il A *trop* PLU ces jours derniers *pour que* j'AILLE à la campagne aujourd'hui.

2° Il s'est trop mal COMPORTÉ envers moi pour que je lui RENDE le service qu'il me demande.

3° Son mal A FAIT trop de progrès depuis hier *pour que* j'ESPÈRE de le guérir.

4° J'AI MIS mes affaires en ordre, *afin que* vous n'AYEZ aucun embarras pendant mon absence.

(69)

Ces quatre phrases signifient :

1° *Je ne* VAIS *pas*, ou *je n'*IRAI *pas à la campagne aujourd'hui, parcequ'il* A *trop* PLU *ces jours derniers.*

2° *Je ne lui* RENDS *pas*, ou *je ne lui* RENDRAI *pas, le service qu'il me demande, parcequ'il s'*EST *trop mal* COMPORTÉ *envers moi.*

3° *Je n'*ESPÈRE *pas de le guérir, parceque son mal* A FAIT *trop de progrès depuis hier.*

4° *Vous n'*AUREZ *aucun embarras pendant mon absence, parceque j'*AI *mis mes affaires en ordre.*

Dans les quatre phrases ci-dessus, pour faire de la phrase subordonnée la phrase principale, il faut employer le présent ou le futur de l'indicatif; et cela suffit pour démontrer que, dans la première construction, il faut employer le présent du subjonctif, qui exprime le présent et le futur.

FIN DE LA PREMIÈRE PARTIE.

SECONDE PARTIE.

Recueil d'Exemples où l'on trouve l'application des règles données dans la première Partie.

CHAPITRE I,

Contenant trente Exemples dans lesquels se trouve l'emploi du PRÉSENT DU SUBJONCTIF, exprimant un présent ou un futur par rapport au verbe avec lequel il entre en concordance.

RÈGLE.

Le verbe de la phrase principale étant au présent ou au futur de l'indicatif, le verbe de la phrase subordonnée se met au présent du subjonctif, si l'on veut exprimer un présent ou un futur.

(*Première Partie, page* 57.)

EXEMPLES :

I.

C'est à regret que nous combattons; nous voudrions épargner le sang des hommes; nous ne *haïssons* point cet ennemi même, *quoiqu'il* SOIT cruel, perfide et sacrilége.

Dans cette phrase, *soit* est au subjonctif parcequ'il est précédé de la conjonction *quoique*, qui veut ce mode; il est au présent parcequ'il entre en concordance avec *haïssons*, verbe au présent de l'indicatif.

Soit peut exprimer un présent ou un futur; dans cette phrase, il exprime un présent.

Cet ennemi EST *cruel, perfide et sacrilége; et, malgré cela, nous ne le haïssons point.*

II.

Si un autre la devait posséder (Antiope, fille d'Idoménée),je passerais le reste de mes jours avec tristesse et amertume : mais enfin je la quitterai, quoique je SACHE *que l'absence peut me la faire perdre.*

Dans cette phrase, *sache* est au subjonctif parcequ'il est précédé de *quoique;* il est au présent parcequ'il entre en concordance avec *quitterai*, verbe au futur de l'indicatif. Cette phrase signifie,

Je SAIS *que l'absence peut me la faire perdre; mais, malgré cela, je la quitterai.*

III.

Les lois lui confient (au roi de Crète) les peuples comme le plus précieux de tous les dépôts, à condition qu'il sera le père de ses sujets. Elles veulent qu'un seul homme SERVE, *par sa sagesse et sa modération, à la félicité de tant d'hommes; et non pas que tant d'hommes* SERVENT, *par leur misère et par leur servitude lâche, à flatter l'orgueil et la mollesse d'un seul homme.*

Dans cette phrase, *serve* est au subjonctif, parceque le verbe *vouloir*, qui précède, demande ce mode ; *serve* est au présent parcequ'il entre en concordance avec *veulent*, verbe au présent de l'indicatif.

Serve peut exprimer un présent ou un futur; dans cette phrase, il exprime un présent.

Un seul homme SERT *à la félicité de tant d'hommes ; et cela, parceque les lois le veulent.*

La même chose pour *servent*, troisième personne plurielle du présent du subjonctif.

IV.

Je ne *souffrirai* point, ô Télémaque, *que vous* TOMBIEZ dans ce défaut qui rend un homme imbécile pour le gouvernement.

Tombiez est au subjonctif parceque *souffrir* que veut ce mode ; *tombiez* est au présent parcequ'il entre en concordance avec *souffrirai*, verbe au futur de l'indicatif.

Tombiez peut exprimer un présent ou un futur ; dans cette phrase, il exprime un futur.

Vous ne TOMBEREZ *point dans ce défaut ; et cela, parceque je ne le souffrirai point.*

V.

Pour vous, ô Télémaque, *rendez-moi* les derniers devoirs que vous avez rendus à mon frère, *afin* que rien ne MANQUE à votre gloire.

Manque est au subjonctif parceque la conjonction *afin que*, qui précède, veut ce mode ; il est au présent, parceque *rendez*, verbe de la première phrase, est à l'impératif, qui, comme l'on sait, ne peut exprimer que le présent ou le futur.

Manque peut exprimer un présent ou un futur ; dans cette phrase, il exprime un futur.

Rien ne MANQUERA *à votre gloire, si vous me rendez les derniers devoirs que vous avez rendus à mon frère.*

VI.

Il *veut* une paix dont tous les partis SOIENT contents, *qui* FINISSE toutes les jalousies, *qui* APAISE tous les ressentiments, et *qui* GUÉRISSE toutes les défiances.

Soient, finisse, apaise, guérisse, sont au subjonctif parceque ces verbes n'expriment pas d'une manière positive que tous les partis seront contents de la paix que l'on fera, qu'elle finira toutes les jalousies, etc.

Ces quatre verbes sont au présent du subjonctif parcequ'ils entrent en concordance avec *il veut*, verbe au présent de l'indicatif ; et tous les quatre ils expriment des futurs. La phrase signifie,

Une paix dont tous les partis POURRONT *être contents, qui* POURRA *finir toutes les jalousies, qui* POURRA *apaiser tous les ressentiments, qui* POURRA *guérir toutes les défiances, est la paix qu'il veut.*

(Voyez ce qui est dit sur les pronoms relatifs, page 47.)

4

REMARQUES.

1º Un verbe qui est au présent du subjonctif, et qui exprime un présent, peut être représenté par un verbe au présent de l'indicatif, en faisant de la phrase subordonnée la phrase principale, comme j'ai fait dans les trois premières phrases de ce chapitre.

2º Un verbe qui est au présent du subjonctif, et qui exprime un futur, peut être représenté par un verbe au futur de l'indicatif, en faisant de la phrase subordonnée la phrase principale, comme j'ai fait dans les phrases IV, V et VI de ce chapitre.

VII.

Hélas! que je serais heureux de finir de même! *Que* le Styx n'ARRÊTE point ton ombre; *que* les Champs-Élysées lui SOIENT ouverts; *que* la renommée CONSERVE ton nom dans tous les siècles; et *que* tes cendres REPOSENT en paix.

Arrête, soient, conserve, reposent, sont au présent du subjonctif, parcequ'il y a de sous-entendu avant la conjonction *que, je souhaite,* ou *je desire.*

(*Voyez première Partie, page* 51.)

VIII.

Le roi, ajoutait-il, qui est le père de tout son peuple, est encore plus particulièrement le père de toute la jeunesse, qui est la fleur de toute la nation. C'est dans la fleur qu'il faut préparer les fruits : *que* le roi ne DÉDAIGNE donc pas de veiller et de faire veiller sur l'éducation qu'on donne aux enfants ; *qu'il* TIENNE ferme pour faire observer les lois de Minos, qui *ordonnent qu'on* ÉLÈVE les enfants dans le mépris de la douleur et de la mort. *Qu'on* METTE l'honneur à fuir les délices et les richesses : *que* l'injustice, le mensonge, l'ingratitude, la mollesse, PASSENT pour des vices infames. *Qu'on* leur APPRENNE dès leur tendre enfance à chanter les louanges des héros qui ont été aimés des dieux, qui ont fait des actions généreuses pour leur patrie, et qui ont fait éclater leur courage dans les combats : *que* le charme de la musique SAISISSE leurs ames pour rendre leurs mœurs douces et pures. *Qu'ils* APPRENNENT à être tendres pour leurs amis, fidèles à leurs alliés, équitables pour tous les hommes, même pour leurs plus cruels ennemis : *qu'ils* CRAIGNENT moins la mort et les tourments que le moindre reproche de leur conscience.

Les verbes *dédaigne, tienne, élève, mette, passent, apprenne, saisisse, apprennent, craignent,* sont au présent du subjonctif, parcequ'avant la conjonction *que,* on peut sous-entendre *il faut.*

Élève entre en concordance avec *ordonnent.*

IX.

Que tardons-nous, dit-il (*Mentor*), à conclure cette sainte alliance dont les dieux seront les témoins et les défenseurs? *Qu'ils* la VENGENT, si jamais quelque impie ose la violer ; et *que* tous les maux horribles de la guerre, loin d'accabler les peuples innocents, RETOMBENT sur la tête parjure et exécrable de l'ambitieux qui foulera aux pieds les droits sacrés de cette alliance ; *qu'il* SOIT DÉTESTÉ des dieux et des hommes ; *qu'il* ne JOUISSE jamais du fruit de sa perfidie ; *que* les furies infernales, sous les figures les plus hideuses, VIENNENT exciter sa rage et son désespoir ; *qu'il* TOMBE mort sans aucune espérance de sépulture ; *que* son corps SOIT la proie des chiens et des vautours, et *qu'il* SOIT aux enfers, dans le profond abîme du Tartare, tourmenté à jamais plus rigoureusement que Tantale, Ixion, et les Danaïdes. Mais plutôt *que* cette paix SOIT inébranlable comme les rochers d'Atlas, qui soutient le ciel ; *que* tous les peuples la RÉVÈRENT et GOÛTENT ses fruits de génération en génération ; *que* les noms de ceux qui l'auront jurée SOIENT avec amour et vénération dans la bouche de nos derniers neveux ; *que* cette paix, fondée sur la justice et la bonne foi, SOIT le modèle de toutes les paix qui se feront à l'avenir chez toutes les nations de la terre ; et *que* tous les peuples qui voudront se rendre heureux en se réunissant SONGENT à imiter les peuples de l'Hespérie.

Tous les verbes qui sont en lettres capitales, sont au présent du subjonctif, parcequ'avant la conjonction *que*, on peut sous-entendre un de ces verbes, *nous voulons, nous demandons, nous souhaitons, nous desirons.*

D'après ce qui vient d'être dit sur les neuf premières phrases de ce chapitre, on doit être en état de se rendre compte de la concordance dans les phrases suivantes.

Les verbes qui sont au subjonctif sont en lettres capitales, et les verbes et les conjonctions qui demandent le subjonctif sont en caractère italique.

X.

Pour la vertu, elle *sera* assez excitée, et l'on *aura* assez d'empressement à servir l'état, *pourvu que* vous DONNIEZ des couronnes et des statues aux belles actions, et *que* ce SOIT un commencement de noblesse pour les enfants de ceux qui les auront faites.

XI.

Mentor nous dit qu'il avait été autrefois en Crète, et il nous expliqua ce qu'il en connaissait. Cette île, dit-il, admirée de tous les étrangers, et fameuse par ses cent villes, *nourrit* sans peine tous ses habitants, *quoiqu'*ils SOIENT innombrables.

XII.

Puisque les dieux nous ôtent l'espérance de vous voir régner au milieu de nous, du moins *aidez-nous à trouver* un roi *qui* FASSE régner nos lois. *Connaissez-vous* quelqu'un *qui* PUISSE commander avec cette modération ?

XIII.

Elle (*Antiope*) ne se promettra jamais à personne ; elle se laissera donner par son père : elle ne prendra jamais pour époux qu'un homme *qui* CRAIGNE les dieux, et *qui* REMPLISSE toutes les bienséances.

XIV.

Je suis donc content de ma pauvre Ithaque, *quoi-qu*'elle SOIT petite et pauvre ; j'*aurai* assez de gloire, *pourvu que* j'y RÈGNE avec justice, piété, et courage ; encore même n'y régnerai-je que trop tôt. PLAISE (sous-entendu *je désire, je souhaite qu'il*) aux dieux *que* mon père, échappé à la fureur des vagues, y PUISSE régner jusqu'à la plus extrême vieillesse , et *que* je PUISSE apprendre long-temps sous lui comment il faut vaincre ses passions pour savoir modérer celles de tout un peuple !

XV.

Il vous *faut* un homme *qui* n'AIME que la vérité et vous ; *qui* vous AIME mieux que vous ne savez vous aimer vous-même ; *qui* vous DISE la vérité malgré vous ; *qui* FORCE tous vos retranchements : et cet homme nécessaire , c'est Philoclès.

XVI.

Personne ne *souhaitera* jamais plus que moi *que* vous GOÛTIEZ des plaisirs, mais des plaisirs *qui* ne vous PASSIONNENT, ni ne vous AMOL-LISSENT point. *Il* vous *faut* des plaisirs *qui* vous DÉLASSENT, et *que* vous GOÛTIEZ en vous possédant ; mais non pas des plaisirs *qui* vous

ENTRAÎNENT. Je vous *souhaite* des plaisirs doux et modérés, *qui* ne vous **ÔTENT** point la raison, et *qui* ne vous **RENDENT** jamais semblables à une bête en fureur.

XVII.

Pour Aristodème, il nous dit : C'est vous qui venez de me faire roi ; souvenez-vous des dangers où vous m'avez mis. *Demandez* aux dieux *qu'ils* m'**INSPIRENT** la vraie sagesse, et que je **SURPASSE** autant en modération les autres hommes que je les *surpasse* en autorité.

Il est positif qu'un roi surpasse en autorité les autres hommes.

Il n'est pas positif qu'un roi qui demande à surpasser les autres hommes en modération les surpassera.

C'est pourquoi, dans cette phrase, le premier verbe *surpasse* est au subjonctif, et le second à l'indicatif.

XVIII.

Je me croirais heureux si j'avais Antiope pour épouse, sans espérance de votre royaume ; mais, pour m'en rendre digne, *il faut que* j'**AILLE** où mes devoirs m'appellent, et *que* ce **SOIT** mon père qui vous la **DEMANDE** pour moi. Ne m'avez-vous pas promis de me renvoyer à Ithaque ? N'est-ce pas sur cette promesse que j'ai combattu pour vous contre Adraste avec les alliés ? *Il est temps que* je **SONGE** à réparer mes malheurs domestiques.

XIX.

Il (*un peintre*) a dans sa tête les pensées et les sentiments des héros qu'il veut représenter ; il se transporte dans leurs siècles et dans toutes les circonstances où ils ont été ; à cette espèce d'enthousiasme, *il faut qu'il* JOIGNE une sagesse *qui* le RETIENNE, *que* tout SOIT vrai, correct, et proportionné l'un à l'autre. *Croyez-vous*, Télémaque, *qu'il* FAILLE moins d'élévation de génie et d'efforts de pensées pour faire un grand roi que pour faire un grand peintre ?

XX.

Si toutes ces choses sont vraies, l'état d'un roi est bien malheureux. Il est esclave de tous ceux auxquels il paraît commander : il est fait pour eux ; il se doit tout entier à eux ; il est chargé de tous leurs besoins ; il est l'homme de tout le peuple et de chacun en particulier. *Il faut qu'*il s'ACCOMMODE à leur faiblesse, *qu'*il les CORRIGE en père, *qu'il* les RENDE sages et heureux. . . . .

. . . .

. . . . A proprement parler, il n'est que le défenseur des lois pour les faire régner ; *il faut qu'*il VEILLE et *qu'il* TRAVAILLE pour les maintenir : il est l'homme le moins libre de son royaume ; c'est un esclave qui sacrifie son repos et sa liberté pour la liberté et la félicité publiques.

XXI.

L'on peut dire que le chien *est le seul* animal

dont la fidélité SOIT à l'épreuve ; *le seul qui* CONNAISSE toujours son maître et les amis de la maison ; *le seul qui*, lorsqu'il arrive un inconnu, s'en APERÇOIVE ; *le seul qui* ENTENDE son nom et *qui* RECONNAISSE la voix domestique, *le seul qui* ne se CONFIE point à lui – même ; *le seul qui*, lorsqu'il a perdu son maître, et qu'il ne peut le retrouver, l'APPELLE par ses gémissements ; *le seul qui*, dans un voyage long qu'il n'aura fait qu'une fois, se SOUVIENNE du chemin et RETROUVE la route ; *le seul* enfin *dont* les talents naturels SOIENT évidents, et l'éducation toujours heureuse.

XXII.

Bientôt les chefs de la sédition, de concert avec Valérius, voudront être admis aux premières dignités de l'état. FASSENT les dieux tutélaires de Rome (comme s'il y avait, *je souhaite, je desire, que les dieux fassent*) que son gouvernement ne TOMBE pas à la fin entre les mains d'une vile populace *qui* vous PUNISSE de votre faiblesse et *qui* vous BANNISSE vous-même de votre patrie !

XXIII.

Je suis âne, il est vrai, j'en conviens, je l'avoue :
Mais que dorénavant on me BLÂME, on me LOUE,
*Qu'*on DISE quelque chose, ou *qu'*on ne DISE rien,
J'en *veux* faire à ma tête. Il le fit, et fit bien.

Blâme, loue, dise, sont au subjonctif parcequ'il sont précédés de la conjonction *que* mise pour *soit que*; ils sont au présent parce que la phrase principale est, j'*en* VEUX *faire à ma tête;* et ils expriment des futurs, parceque *dorénavant* est un adverbe de temps qui indique le futur.

Il est bon de remarquer que la phrase principale, qui détermine la concordance, marche ordinairement la première, mais que quelquefois elle marche la dernière ; c'est ce qui a lieu dans cette phrase : mais cette inversion ne change rien à la concordance.

XXIV.

Ma fille, lui dit-il, c'est trop verser de larmes ;
Qu'*a besoin* le défunt *que* vous NOYIEZ (1) vos charmes ?

Noyiez est au subjonctif parceque *avoir besoin,* verbe qui précède, veut ce mode ; et il est au présent parceque *a besoin* est au présent. Cette phrase signifie ,

Vous NOYEZ *vos charmes ; et qu'a besoin de cela le défunt ?*

XXV.

Quel que SOIT le plaisir que cause la vengeance,
C'est l'acheter trop cher, que l'acheter d'un bien
       Sans qui les autres ne sont rien.

On doit savoir que la locution *quel que* veut le subjonctif. *Soit* est au présent parceque le verbe *est,* qui détermine la concordance, est au présent de l'indicatif.

____

(1) *Noyer* fait au présent de l'indicatif *nous* NOYONS, *vous* NOYEZ ; à l'imparfait, *nous* NOYIONS, *vous* NOYIEZ ; et au présent du subjonctif, *que nous* NOYIONS, *que vous* NOYIEZ. La même orthographe pour tous les verbes dont le participe présent est terminé par YANT.

XXVI.

Titus à Antiochus.

Venez, prince, venez ; je *veux* bien *que* vous-même,
Pour la dernière fois, vous VOYIEZ (1) si je l'aime.

XXVII.

Achille à Iphigénie.

D'un appareil d'hymen couvrant son sacrifice,
Il *veut que* ce SOIT moi *qui* vous MÈNE au supplice,
Que ma crédule main CONDUISE le couteau,
*Qu'*au lieu de votre époux je SOIS votre bourreau !

XXVIII.

Néron jouit de tout : et moi, pour récompense,
*Il faut qu'*entre eux et lui je TIENNE la balance,
Afin que quelque jour, par une même loi,
Britannicus la TIENNE entre mon fils et moi.

XXIX.

Axiane parlant de Taxile.

. . . . Ah! sans vous emporter,
Souffrez que mes efforts TÂCHENT de l'arrêter:
Ses soupirs, malgré moi, m'assurent qu'il m'adore.
*Quoi qu'*il en SOIT, *souffrez que* je lui PARLE encore ;
Et ne le forçons point, par ce cruel mépris,
D'achever un dessein qu'il peut n'avoir pas pris.

XXX.

Créon à Attale.

Quelque haine *qu'*on AIT contre un fier ennemi,
Quand il est loin de nous, on la *perd* à demi.

____

(1) Ce qui est dit sur *noyiez*, dans la note de la XXIVe
phrase, convient également à *voyiez*.

Ne t'étonne donc plus si je *veux qu'*ils se VOIENT :
Je *veux* qu'en se voyant leurs fureurs se DÉPLOIENT ;
Que rappelant leur haine, au lieu de la chasser,
Ils s'ÉTOUFFENT, Attale, en voulant s'embrasser.

CHAPITRE II,

Contenant trente Exemples dans lesquels se trouve l'emploi du PARFAIT DU SUBJONCTIF, exprimant un passé par rapport au verbe avec lequel il entre en concordance, et quelquefois un futur antérieur.

RÈGLE.

Le verbe de la phrase principale étant au présent ou au futur de l'indicatif, le verbe de la phrase subordonnée se met au parfait du subjonctif, si l'on veut exprimer un passé ou un futur antérieur.

(Première Partie, page 57.)

1.

Quelque honte *que* nous AYONS MÉRITÉE, *il est* presque toujours en notre pouvoir de rétablir notre réputation.

Ayons méritée est au subjonctif parcequ'il est précédé de *quelque...que,* locution qui veut ce mode.

Ayons méritée est au parfait parcequ'il exprime un passé à l'égard de IL EST *en notre pouvoir.*

Nous pouvons AVOIR MÉRITÉ *quelque honte, mais il est presque toujours en notre pouvoir de rétablir notre réputation.*

Ou bien ,

Si nous AVONS MÉRITÉ *quelque honte , il est presque toujours en notre pouvoir,* etc.

II.

Voici encore une tragédie dont le sujet est pris d'Euripide. *Quoique* j'AIE SUIVI une route un peu différente de celle de cet auteur pour la conduite de l'action , je n'*ai pas laissé* d'enrichir ma pièce de tout ce qui m'a paru le plus éclatant dans la sienne. Quand je ne lui devrais que le caractère de Phèdre, je pourrais dire que je lui dois ce que j'ai peut-être mis de plus raisonnable sur le théâtre. *Je ne suis pas étonné que* ce caractère AIT EU un succès si heureux du temps d'Euripide, et *qu'il* AIT encore si bien RÉUSSI dans notre siècle , puisqu'il a toutes les qualités qu'Aristote demande dans le héros de la tragédie, et qui sont propres à exciter la compassion et la terreur.

Quoique j'aie suivi. Le parfait du subjonctif peut entrer en concordance avec le parfait indéfini ; alors il exprime un passé vague. Cette phrase signifie ,

J'ai SUIVI *une route un peu différente de celle de cet auteur; et , malgré cela , je n'ai pas laissé d'enrichir ma pièce de tout ce qui m'a paru le plus éclatant dans la sienne.*

Je ne suis point étonné que ce caractère AIT EU *un succès si heureux du temps d'Euripide, et qu'il* AIT *encore si bien* RÉUSSI *dans notre siècle.*

Ait eu, ait réussi, sont au parfait du subjonctif parceque ces deux verbes expriment des choses passées à l'égard de *je ne suis point étonné.* Cette phrase signifie,

Ce caractère A EU *un succès très heureux du temps d'Euripide, il* A *encore très bien* RÉUSSI *dans notre siècle; et je ne suis point étonné de cela, puisqu'il a toutes les qualités qu'Aristote demande,* etc.

III.

Jupiter, pour consoler Vénus, lui dit : Il est vrai, ma fille, que Minerve défend le cœur de ce jeune Grec contre toutes les flèches de votre fils, et qu'elle lui prépare une gloire que jamais jeune homme n'a méritée. Je *suis fâché* qu'il AIT MÉPRISÉ vos autels ; mais je ne puis le soumettre à votre puissance. Je *consens,* pour l'amour de vous, qu'il *soit* (1) encore errant par mer et par terre ; qu'il *vive* loin de sa patrie, exposé à toutes sortes de maux et de dangers ; mais les destins ne *permettent* ni qu'il *périsse* ni *que* sa vertu *succombe* dans les plaisirs dont vous flattez les hommes.

Je suis fâché qu'il AIT MÉPRISÉ *vos autels.*

Ait méprisé est au parfait du subjonctif parcequ'il exprime une chose passée à l'égard de *je suis fâché.* Cela signifie,

---

(1) Ce chapitre étant consacré à l'emploi du *parfait* du *subjonctif,* tout verbe qui sera à un autre temps du subjonctif, sera en italique, et le parfait seulement sera en lettres capitales.

IL A MÉPRISÉ *vos autels ,* *et je suis fâché de cela.*

Soit et *vive,* sont au présent du subjonctif parcequ'ils expriment des futurs à l'égard de *je consens.*

Périsse et *succombe ,* sont au présent du subjonctif parcequ'ils expriment des futurs à l'égard de *permettent.*

Il **SERA** *encore errant par mer et par terre; il* **VIVRA** *loin de sa patrie; j'y consens : mais il ne* **PÉRIRA** *point, sa vertu ne* **SUCCOMBERA** *point, parceque les destins ne le permettent point.*

IV.

Mentor dit à Idoménée : Mais d'où vient donc que connaissant à fond ces deux méchants hommes, vous les gardez encore auprès de vous comme je les vois? Je ne *suis* pas *surpris* qu'ils vous **AIENT SUIVI,** n'ayant rien de meilleur pour leurs intérêts.

Aient suivi. Ce verbe est au parfait du subjonctif parcequ'il exprime un passé à l'égard de *je ne suis pas surpris.*

Ils vous **ONT SUIVI ,** *et je n'en suis point surpris : ils n'avaient rien de meilleur pour leurs intérêts.*

V.

Quoique je n'**AIE** jamais **GOUVERNÉ ,** ajoûtait Télémaque, j'*ai appris* par les lois et par les hommes sages qui les ont faites, combien il est pénible de conduire les villes et les royaumes.

*Quoique je n'*AIE *jamais* GOUVERNÉ, *j'ai appris par les lois*, etc. Cette phrase signifie,

*Je n'*AI *jamais* GOUVERNÉ ; *et malgré cela, j'ai appris par les lois*, etc.

VI.

Ne vous affligez point : nous vous quittons ; mais la sagesse, qui préside au conseil des dieux, demeurera sur vous : croyez seulement que vous *êtes trop heureux que* Jupiter nous AIT ENVOYÉS ici pour sauver votre royaume, et pour vous ramener de vos égarements.

Ait envoyés est au parfait du subjonctif parcequ'il exprime un passé à l'égard de *vous êtes trop heureux.*

Jupiter nous A ENVOYÉS *ici pour sauver votre royaume,* etc. ; *et croyez seulement que vous êtes trop heureux,* etc.

VII.

Cependant Timocrate me disait sans cesse : Si vous *attendez que* Philoclès AIT CONQUIS l'île de Carpathie, *il ne sera plus temps* d'arrêter ses desseins : hâtez-vous de vous en assurer pendant que vous le pouvez.

Dans cette phrase, le parfait du subjonctif, *ait conquis,* exprime un futur à l'égard de *si vous attendez,* et un futur antérieur à l'égard de *il ne sera plus temps.*

Quand Philoclès AURA CONQUIS *l'île de Carpathie, il ne sera plus temps d'arrêter ses desseins.*

VIII.

Enfin les Crétois s'écrièrent, parlant à Mentor :
Dites-nous, ô le plus sage et le plus grand de tous
les mortels, dites-nous donc qui est-ce que nous
pouvons choisir pour notre roi : nous ne vous *lais-*
serons point aller *que* vous ne nous AYEZ APPRIS
le choix que nous devons faire.

Dans cette phrase, le parfait du subjonctif, *ayez*
appris, exprime un futur antérieur à l'égard de
laisserons.

Quand vous nous AUREZ APPRIS *le choix que*
nous devons faire, nous vous laisserons aller.

REMARQUES.

1° D'après ce que j'ai dit sur les six premières
phrases de ce chapitre, on voit que le parfait du
subjonctif, exprimant un passé, peut se remplacer
par un parfait indéfini de l'indicatif.

2° D'après ce que j'ai dit sur la septième et sur
la huitième phrase de ce chapitre, on voit que le
parfait du subjonctif, exprimant un futur antérieur,
peut se remplacer par le futur antérieur de l'indicatif.

IX.

Tout de même, *parlez* souvent des bonnes et des
mauvaises qualités des hommes avec des hommes
sages et vertueux, *qui* AIENT long-temps ÉTU-
DIÉ leurs caractères : vous apprendrez insensible-
ment comme ils sont faits, et ce qu'il est permis
d'en attendre.

X.

En *quelque* endroit des terres connues *que* la tempête ou la colère de quelque divinité l'**AIT JETÉ**, je *saurai* bien l'en tirer. *Plaise* (sous-entendu *je souhaite, je desire qu'il*) aux dieux *qu'il soit* encore vivant! Pour vous, je vous *renverrai* avec *les meilleurs* vaisseaux *qui* **AIENT** jamais **ÉTÉ CONSTRUITS** dans l'île de Crète.

XI.

Je vous dois le salut de mon nouveau royaume; *il* n'*y a* aucune vérité *que* je ne me *croie* heureux d'entendre de votre bouche : mais ayez pitié d'un roi que la flatterie avait empoisonné, et qui n'a pu, même dans ses malheurs, trouver un homme assez généreux pour lui dire la vérité. Non, je n'*ai* jamais *trouvé* personne *qui* m'**AIT** assez **AIMÉ** pour vouloir me déplaire en me disant la vérité tout entière.

XII.

Vous souvenez-vous du voyage que vous fîtes en Crète, et des bons conseils que vous me donnâtes? mais alors l'ardeur de la jeunesse et le goût des vains plaisirs m'entraînaient. *Il a fallu que* mes malheurs m'**AIENT INSTRUIT** pour m'apprendre ce que je ne voulais pas croire.

XIII.

Le hasard et la force ont beaucoup de part aux succès de la guerre ; *il faut que* nous *partagions* la gloire des combats avec nos soldats : mais tout votre ouvrage vient d'une seule tête ; *il a fallu que* vous **AYEZ TRAVAILLÉ** seul contre un roi et contre tout son peuple pour les corriger.

XIV.

Véturie à Coriolan.

De si loin que tu as pu apercevoir Rome, ne t'est-il point venu dans l'esprit, que tes dieux, ta maison, ta mère, ta femme et tes enfants, étaient renfermés dans ses murailles ? *Crois-tu que,* couverte de la honte d'un refus injurieux, *j'attende* paisiblement *que* tes armes **AIENT DÉCIDÉ** de notre destinée ?

XV.

S'*il y a* des hommes *dont* le ridicule n'**AIT** jamais **PARU**, c'est qu'on ne l'a pas bien cherché.

XVI.

Quelques découvertes *que* l'on **AIT FAITES** dans le pays de l'amour – propre, *il y reste* encore bien des terres inconnues.

XVII.

Ce qui me plaît, ce que j'admire principalement dans Bourdaloue, c'est qu'il se fait oublier lui-même ; . . . .
. . . . c'est cette abondance de génie qui ne *laisse* rien à imaginer au-delà de chacun de ses discours, *quoiqu'*il en **AIT COMPOSÉ** au moins deux, souvent trois, quelquefois quatre sur la même

matière, et *qu'on ne sache*, après les avoir lus, auquel donner la préférence.

XVIII.

On sait que Fontenelle *est le premier qui* AIT ORNÉ les sciences des graces de l'imagination ; mais, comme il le dit lui-même, il est très difficile d'embellir ce qui ne doit l'être que jusqu'à certain degré.

XIX.

Racine et Voltaire.

L'un vous paraît toujours plus grand par la réflexion ; l'autre ne laisse pas maître de réfléchir. *Il semble que* l'un AIT MIS son amour-propre à défier la critique, et l'autre à la désarmer. Enfin, si l'on ose hasarder un résultat sur des objets livrés à jamais à la diversité des opinions, Racine, lu par les connaisseurs, *sera regardé* comme le poète *le plus parfait qui* AIT ÉCRIT ; Voltaire, aux yeux des hommes rassemblés au théâtre, *sera* le génie *le plus tragique qui* AIT RÉ-GNÉ sur la scène.

XX.

Et vous, ne viendrez-vous pas à ce triste monument ; vous, dis-je, qu'il a bien voulu mettre au rang de ses amis ? Tous ensemble, en *quelque* degré de sa confiance *qu'*il vous AIT REÇUS, *environnez* ce tombeau, versez des larmes avec des prières ; et admirant dans un si grand prince une amitié si commode et un commerce si doux, con-

servez le souvenir d'un héros dont la bonté avait
égalé le courage.

XXI.

*Qu'*un père vous AIT AIMÉ, je ne m'en *étonne*
pas ; c'est un sentiment que la nature inspire :
mais *qu'*un père si éclairé vous AIT TÉMOIGNÉ
cette confiance jusqu'au dernier soupir ; *qu'*il se
SOIT REPOSÉ sur vous de choses si importantes,
et *qu'*il *meure* tranquillement sur cette assurance ,
c'est le plus beau témoignage que votre vertu pouvait remporter.

XXII.

Le singe parlant eût rendu muette d'étonne-
ment l'espèce humaine entière , et l'aurait séduite
au point que le philosophe aurait eu grande peine
à démontrer qu'avec tous ces beaux attributs humains, le singe n'en était pas moins une bête. *Il
est donc heureux* pour notre intelligence *que* la nature AIT SÉPARÉ et PLACÉ dans deux espèces
très différentes (1) l'imitation de la parole et celle
de nos gestes , et *qu'*ayant doué tous les animaux
des mêmes sens et quelques uns d'entre eux de
membres et d'organes semblables à ceux de
l'homme, elle lui AIT RÉSERVÉ la faculté de
se perfectionner : caractère unique et glorieux qui
seul fait notre prééminence , et constitue l'empire
de l'homme sur tous les êtres.

---

(1) Le singe et le perroquet.

XXIII.

Il m'a dit qu'il ne faut jamais
Vendre la peau de l'ours *qu'*on ne l'AIT MIS par terre.

XXIV.

Ce qui m'*étonne est qu'*à huit ans
Un prince en fable AIT MIS la chose,
Pendant que sous mes cheveux blancs
Je fabrique, à force de temps,
Des vers moins sensés que sa prose.

XXV.

Agamemnon à Achille.

Quoi! seigneur, se *peut-il* que, d'un cours si rapide,
La victoire vous AIT RAMENÉ dans l'Aulide?

XXVI.

Athalie parlant du peuple.

Quoi que son insolence AIT OSÉ publier,
Le ciel même *a pris* soin de me justifier.

XXVII.

Andromaque à Céphise.

Dis-lui que de mon fils l'amour est assez fort...
Crois-tu que dans son cœur il AIT JURÉ sa mort?

XXVIII.

Hermione à Oreste.

Adieu. Tu peux partir. Je demeure en Épire;
Je renonce à la Grèce, à Sparte, à son empire,
A toute ma famille; et *c'est assez* pour moi,
Traître, *qu'*elle AIT PRODUIT un monstre comme toi.

XXIX.

Josabet à Joad.

Athalie en fureur demande Éliacin.
Déjà de sa naissance et de votre dessein
On commence, seigneur, à percer le mystère :
Peu s'en faut que Mathan ne m'AIT NOMMÉ son père.

XXX.

Phèdre.

Hélas ! quand son épée allait chercher mon sein,
A-t-il pâli pour moi ? me l'a-t il arrachée ?
Il suffit que ma main l'AIT une fois TOUCHÉE,
Je l'ai rendue horrible à ses yeux inhumains ;
Et ce fer malheureux profanerait ses mains.

CHAPITRE III,

Contenant quarante Exemples dans lesquels se trouve l'emploi de l'IMPARFAIT DU SUBJONCTIF, exprimant un présent relatif ou un futur, par rapport au verbe avec lequel il entre en concordance.

RÈGLE.

Le verbe de la phrase principale étant à l'imparfait, à l'un des parfaits, au plus-que-parfait de l'indicatif, ou à l'un des conditionnels, le verbe de la phrase subordonnée se met à l'imparfait du subjonctif, si l'on veut exprimer un présent relatif ou un futur par rapport au verbe de la phrase principale. *(Première Partie, page* 59.)

I.

Le temple était tout incrusté de marbre avec des bas-reliefs qui représentaient Jupiter changé en taureau, le ravissement d'Europe, et son passage en Crète au travers des flots : *ils semblaient* respecter Jupiter, *quoiqu'*il FÛT sous une forme étrangère.

Fût est au subjonctif parceque la conjonction *quoique*, qui précède, veut ce mode.

Fût est à l'imparfait parcequ'il entre en concordance avec *semblaient*, verbe à l'imparfait de l'indicatif ; et il exprime un présent relatif.

Jupiter ÉTAIT *sous une forme étrangère ; et, malgré cela, les flots semblaient le respecter.*

II.

Protésilas sourit : toute l'assemblée se *mit* aussitôt à rire, *quoique* la plupart ne PUSSENT point encore savoir ce qu'on avait dit. . . . . Tous *paraissaient* contents, attendris, pleins d'admiration pour Protésilas, *quoique* tous EUSSENT contre lui dans le cœur une rage implacable.

Pussent et *eussent* sont au subjonctif parcequ'ils sont précédés de *quoique*, conjonction qui veut ce mode.

Pussent et *eussent* sont à l'imparfait parcequ'ils entrent en concordance, le premier avec *mit*, verbe au parfait de l'indicatif, et le second avec *paraissaient*, verbe à l'imparfait de l'indicatif ; et tous deux ils expriment un présent relatif.

La plupart ne **POUVAIENT** *point encore savoir ce qu'on avait dit ; et , malgré cela, toute l'assemblée se mit aussitôt à rire.*

Tous **AVAIENT** *contre lui dans le cœur une rage implacable ; et, malgré cela, tous paraissaient contents, attendris*, etc.

III.

Quand j'avais tué quelque oiseau pour ma nourriture, *il fallait que* je me **TRAÎNASSE** contre terre avec douleur pour aller ramasser ma proie.

Traînasse est au subjonctif parceque *il fallait*, verbe qui précède, veut ce mode.

Traînasse est à l'imparfait parcequ'il entre en concordance avec *il fallait*, verbe à l'imparfait de l'indicatif, et il exprime un présent relatif.

Je me **TRAÎNAIS** *contre terre avec douleur pour aller ramasser ma proie : il le fallait.*

IV.

Télémaque était ravi d'entendre ce discours d'Adoam, et se *réjouissait qu'*il y **EÛT** encore au monde un peuple *qui,* suivant la droite nature, **FÛT** si sage et si heureux tout ensemble.

Eût est au subjonctif parcequ'il est précédé de la conjonction *que,* employée pour *de ce que* (*Première Partie , page* 51).

Eût est à l'imparfait, parcequ'il entre en concordance avec *réjouissait,* verbe à l'imparfait de l'indicatif ; et il exprime un présent relatif.

5

Fût entre en concordance avec *eût* : les temps du subjonctif suivent entre eux les mêmes règles que les temps du subjonctif par rapport à ceux de l'indicatif.

La phrase ci-dessus signifie,

Il y AVAIT *encore au monde un peuple qui, suivant la droite nature,* ÉTAIT *sage et heureux tout ensemble; et Télémaque s'en réjouissait.*

V.

C'était une consolation pour moi *que* la lumière du jour me QUITTÂT, et *que* la nuit VÎNT m'envelopper de ses ombres pour déplorer en liberté ma misérable destinée.

Quittât et *vînt* sont au subjonctif parceque dans cette phrase, comme dans la précédente, la conjonction *que* est employée pour *de ce que.*

Quittât et *vînt* sont à l'imparfait parcequ'ils entrent en concordance avec *c'était*; et ils expriment un présent relatif.

Lorsque la lumière du jour me QUITTAIT, *et que la nuit* VENAIT *m'envelopper de ses ombres, c'était une consolation pour moi.*

VI.

Cette lettre me jeta dans une étrange surprise : je la relisais sans cesse, et ne pouvais me persuader *qu'*elle FÛT de Philoclès, repassant dans mon esprit troublé toutes les marques touchantes qu'il m'avait données de son désintéressement et de sa bonne foi.

(99)

Fût est au subjonctif parcequ'il est précédé de *je ne pouvais me persuader*, phrase négative qui tient du doute.

Fût est à l'imparfait parceque *pouvais*, verbe qui précède, est à l'imparfait de l'indicatif. Cette phrase signifie,

On me disait que cette lettre ÉTAIT *de Philoclès, et je ne pouvais me persuader cela.*

REMARQUE.

D'après l'analyse faite sur les six phrases ci-dessus, on voit que l'imparfait du subjonctif, exprimant un présent relatif, peut se remplacer par l'imparfait de l'indicatif, en faisant de la phrase subordonnée la phrase principale.

VII.

Ma jeunesse et ma vigueur m'ôtaient toute excuse : je jetai néanmoins un coup d'œil sur Mentor, pour découvrir sa pensée ; et j'aperçus qu'il *souhaitait que je* COMBATTISSE.

Combattisse est au subjonctif parceque *souhaitait*, verbe qui précède, veut ce mode.

Combattisse est à l'imparfait parceque *souhaitait* est à l'imparfait de l'indicatif.

Combattisse exprime un futur par rapport à *souhaitait*.

VIII.

Cependant Métophis m'*envoya* vers les montagnes du désert d'Oasis, avec ses esclaves, *afin que* je SERVISSE avec eux à conduire ses grands troupeaux.

Servisse est au subjonctif parceque la conjonction *afin que*, qui précède, veut ce mode.

Servisse est à l'imparfait parceque le verbe de la phrase principale, *envoya*, est au parfait de l'indicatif.

Servisse exprime un futur par rapport à *envoya*.

IX.

Moi–même, mon cher Mentor, *je craignais que* la vérité ne PERÇÂT le nuage, et *qu*'elle ne PARVÎNT jusqu'à moi malgré les flatteurs ; car, n'ayant plus la force de la suivre, sa lumière m'était importune.

Perçât et *parvînt* sont au subjonctif parceque *craignais*, verbe qui précède, veut ce mode.

Perçât et *parvînt* sont à l'imparfait parceque *craignais* est à l'imparfait de l'indicatif.

Et ces deux verbes expriment un futur par rapport à *craignais*.

X.

C'est pour chercher cet adoucissement, répondit

Télémaque, que j'*aimerais* mieux *qu'*Idoménée APPRÎT notre départ par vous que par moi.

Apprît est au subjonctif parceque j'*aimerais mieux que* veut ce mode.

Apprît est à l'imparfait parceque *aimerais* est au conditionnel.

Apprît exprime un futur par rapport à j'*aimerais*.

XI.

Pendant que Phalante parlait ainsi, les deux hommes divins *tâchaient* d'apaiser sa douleur, *de peur qu'*elle n'AUGMENTÂT ses maux, et n'EMPÊCHÂT l'effet des remèdes.

Augmentât et *empêchât* sont au subjonctif parceque la conjonction *de peur que*, qui précède, veut ce mode.

Augmentât et *empêchât* sont à l'imparfait parceque *tâchaient* est à l'imparfait de l'indicatif.

Et ces deux verbes expriment un futur par rapport à *tâchaient d'apaiser*.

XII.

Minos n'a *voulu que* ses enfants RÉGNASSENT après lui qu'à condition qu'ils régneraient suivant ses maximes.

Régnassent est au subjonctif parceque le verbe *vouloir*, qui précède, veut ce mode.

Régnassent est à l'imparfait parceque *a voulu* verbe avec lequel il entre en concordance, est au parfait.

Et ce verbe exprime un futur par rapport à *a voulu.*

XIII.

Timocrate, qui *craignait* qu'on ne le FÎT mourir, se hâta de montrer l'ordre qui je lui avais donné par écrit de tuer Philoclès.

XIV.

Ce Polydamas était un fameux capitaine, qu'Adraste, par jalousie, n'*avait* jamais *voulu* employer, *de peur qu'on* n'ATTRIBUÂT à cet homme habile les succès dont il espérait d'avoir seul toute la gloire.

XV.

Cependant Eucharis, qui *craignait que* Télémaque ne lui ÉCHAPPÂT, usait de mille artifices pour le retenir dans ses liens.

XVI.

Quoique je ne COMPRISSE pas encore parfaitement la profonde sagesse de ce discours, je ne *laissais* pas d'y goûter je ne sais quoi de pur et de sublime.

XVII.

Au reste, la modération et la frugalité de Mentor n'*empêchèrent* point *qu'il* n'AUTORISÂT tous les grands bâtiments destinés aux courses de chevaux

et de chariots, aux combats de lutteurs, à ceux
du ceste , etc.

XVIII.

Quand nous arrivâmes à Tyr, je suivis le conseil de Narbal, et je reconnus la vérité de tout ce
qu'il m'avait raconté. Je ne *pouvais* comprendre
*qu'*un homme PÛT se rendre aussi misérable que
Pygmalion me le paraissait.

XIX.

Troie est en cendres, il est vrai : mais il *vaudrait*
mieux pour les Grecs *qu'*elle FÛT encore dans
toute sa gloire, et *que* le lâche Pâris JOUÎT de
ses infames amours avec Hélène.

XX.

Quelquefois aussi une vague haute comme une
montagne venait passer sur nous, et nous nous
tenions ferme, *de peur que* , dans cette violente se-
cousse, le mât, qui était notre unique espérance,
ne nous ÉCHAPPÂT.

XXI.

Les Dauniens assemblés *demandèrent* , comme
l'unique condition de paix, *qu'*on leur PERMÎT
de faire un roi de leur nation, *qui* PÛT effacer
par ses vertus l'opprobre dont l'impie Adraste
avait couvert la royauté.

XXII.

On *craignait* à toute heure *que* les troupes des

Tarentins n'ATTAQUASSENT les cent jeunes Crétois qui avaient suivi Télémaque dans cette guerre........ Tous les princes étaient dans un extrême embarras : ils n'*osaient* faire marcher l'armée, *de peur que* dans la marche les Crétois de Télémaque et les Tarentins de Phalante ne COMBATTISSENT les uns contre les autres.

XXIII.

Crantor, voyant avec des yeux pleins d'indignation que j'étais tout auprès de lui, redoubla son ardeur ; tantôt il invoquait les dieux et leur promettait de riches offrandes, tantôt il parlait à ses chevaux pour les animer : *il craignait que* je ne PASSASSE entre la borne et lui ; car mes chevaux, mieux ménagés que les siens, étaient en état de le devancer.

XXIV.

Quoiqu'il PARÛT (*Pygmalion*) si rempli de confiance pour Astarbé, il ne *laissait* pas de se précautionner contre elle ; il la *faisait* toujours manger et boire avant lui de tout ce qui devait servir à son repas, *afin qu'*il ne PÛT être empoisonné sans elle, et *qu'*elle n'EÛT aucune espérance de vivre plus long-temps que lui.

XXV.

Mentor *voulait* une grande variété de jeux et de spectacles *qui* ANIMASSENT tout le peuple, mais surtout *qui* EXERÇASSENT les corps pour les rendre adroits, souples, vigoureux : il ajoutait des prix pour exciter l'émulation. Mais ce qu'il *souhaitait* le plus pour les bonnes mœurs, c'est *que* les jeunes gens se **MARIASSENT** de bonne heure, et *que* leurs parents, sans aucune vue d'intérêt, leur **LAISSASSENT** choisir des femmes agréables de corps et d'esprit, *auxquelles* ils **PUSSENT** s'attacher.

XXVI.

Elles me firent l'honneur de me communiquer leur dessein, et même de me demander si je ne *pourrais* pas faire sur quelque sujet de piété et de morale une espèce de poëme *où* le chant **FÛT** mêlé avec le récit, le tout lié par une action *qui* **RENDÎT** la chose plus vive et moins capable d'ennuyer.

XXVII.

Romulus, victorieux de cette partie des Sabins, voulut régner trop impérieusement sur ses sujets et sur un peuple nouveau qui voulait bien lui obéir, mais qui *prétendait qu'*il **DÉPENDÎT** lui-même des lois dont il était convenu dans l'établissement de l'état.

XXVIII.

Les jeunes sénateurs, charmés de l'intrépidité qu'il faisait paraître, *ravis qu'*il se **TROUVÂT** quelqu'un *qui* **OSÂT** dire tout haut ce qu'ils pensaient tous, s'écrièrent qu'ils n'*avaient* rien *fait qui* ne **FÛT** conforme aux lois.

XXIX.

Comme on était près d'en venir aux mains, le général d'Albe, *soit qu'il* REDOUTÂT le succès du combat, ou *qu'il* VOULÛT seulement éviter l'effusion du sang, *proposa* au roi de Rome de remettre la destinée de l'un et de l'autre peuple à trois combattants de chaque côté, à condition que l'empire serait le prix du parti victorieux.

XXX.

Il *demanda*, en pleine assemblée, *qu'on* MÎT des bornes à l'autorité absolue des consuls, et en même temps *qu'on* ÉTABLÎT, du consentement du peuple, des lois fixes et constantes, *qui* SER-VISSENT de règles au sénat dans les jugements qu'il rendait au sujet des procès qui naissaient entre les particuliers.

XXXI.

Il représenta ensuite que la misère publique n'aurait point eu de fin, s'il ne se fût trouvé deux citoyens assez courageux pour s'opposer à la ty-rannie des patriciens ; qu'après l'abolition des dettes, ces mêmes patriciens se servaient de la famine pour réduire de nouveau le peuple dans la servitude, et qu'ils *prétendaient* interdire aux tribuns l'usage de la parole dans les assemblées, *de peur qu'ils* n'ÉCLAI-RASSENT le peuple sur ses véritables intérêts ; que cette tyrannie visible rendait le tribunal inutile, et *qu'il fallait*, ou *que* le peuple RENONÇÂT lui-même à cette magistrature, ou *que* par une nouvelle loi il AUTORISÂT ses magistrats à convoquer des assemblées pour y traiter de ses droits, et *qu'il* FÛT défendu alors, sous de grièves peines, de les interrompre et de les troubler dans l'exercice de leurs charges.

XXXII.

Mais le peuple, qui s'aperçut que cet interrègne ne servait qu'à multiplier ses maîtres, *demanda* hautement *qu'*on y MÎT fin : *il fallut que* le sénat RELÂCHÂT à la fin une autorité qui lui échappait. Il fit proposer au peuple s'il *voulait qu'*on PROCÉDÂT à l'élection d'un nouveau roi, ou *qu'*on CHOISÎT seulement des magistrats annuels *qui* GOUVERNASSENT l'état.

XXXIII.

Il fallait opposer à tant d'ennemis un homme d'un courage ferme et assuré, d'une capacité étendue, d'une expérience consommée, *qui* SOUTÎNT la réputation, et *qui* MÉNAGEÂT les forces du royaume ; *qui* n'OUBLIÂT rien d'utile et de nécessaire, et ne FÎT rien de superflu ; *qui* SÛT, selon les occasions, profiter de ses avantages, ou se relever de ses pertes ; *qui* FÛT tantôt le bouclier, et tantôt l'épée de son pays ; capable d'exécuter les ordres qu'il aurait reçus, et de prendre conseil de lui-même dans les rencontres.

XXXIV.

Qu'il EMBELLÎT cette magnifique et délicieuse maison, ou bien *qu'il* MUNÎT un camp au milieu

du pays ennemi, et *qu'*il **FORTIFIÂT** une place;
*qu'*il **MARCHAT** avec une armée parmi les périls,
ou *qu'*il **CONDUISÎT** ses amis dans ces superbes
allées au bruit de tant de jets d'eau qui ne se tai-
saient ni jour ni nuit : *c'était* toujours le même
homme, et sa gloire le *suivait partout.*

Dans cette phrase, la conjonction est *que* employée pour *soit que;* c'est pourquoi *embellît*, *munît*, *fortifiât*, *marchât*, et *conduisît*, sont au subjonctif; et ces verbes sont à l'imparfait parcéque le
verbe qui détermine la concordance est à l'imparfait de l'indicatif : *c'*ÉTAIT *toujours le même homme*, etc.

XXXV.

Au contraire, *j'aurais desiré que* pour arrêter les
projets intéressés et mal conçus, et les innovations
dangereuses qui perdirent les Athéniens, chacun
n'**EÛT** pas le pouvoir de proposer de nouvelles lois
à sa fantaisie; *que* ce droit **APPARTÎNT** aux seuls
magistrats; *qu'*ils en **USASSENT** même avec tant
de circonspection; *que* le peuple, de son côté, **FÛT**
si réservé à donner son consentement à ces lois, et
que la promulgation ne **PÛT** s'en faire qu'avec
tant de solennité, *qu'avant que* la constitution **FÛT**
ébranlée, on **EÛT** le temps de se convaincre que
c'est surtout la grande antiquité des lois qui les
rend saintes et vénérables.

XXXVI.

*Qu'*il **ALLAT** ou *qu'*il **VÎNT**, *qu'*il **BÛT** ou *qu'*il **MANGEAT**,
On *l'eût pris* de bien court *à moins qu'*il ne **SONGEÂT**
A l'endroit où gisait cette somme enterrée.

Allât, vînt, bût, mangeât, sont au subjonctif parceque la conjonction *que*, qui précède, est employée pour *soit que*; et ces verbes sont à l'imparfait parceque le verbe qui détermine la concordance est au conditionnel : *on l'*EÛT *pris,* pour *on
l'*AURAIT *pris.*

Songeât est au subjonctif parcequ'il est précédé
de la conjonction *à moins que*, qui veut ce mode.

XXXVII.

La mort avait raison : je *voudrais qu'*à cet âge
On SORTÎT de la vie ainsi que d'un banquet,
Remerciant son hôte, et *qu'on* FÎT son paquet;
Car de combien peut-on retarder le voyage?

XXXVIII.

PLÛT à Dieu *qu'on* RÉGLÂT ainsi tous les procès!
Que des Turcs en cela l'on SUIVÎT la méthode !
Le simple sens commun nous tiendrait lieu de code :
    Il ne faudrait pas tant de frais.

Plût est à l'imparfait du subjonctif parcequ'il y
a de sous-entendu *je voudrais, je desirerais, il serait
à souhaiter qu'il.*

Réglât et suivît entrent en concordance avec *plût.*

XXXIX.

Un lièvre apercevant l'ombre de ses oreilles,
    Craignit *que* quelque inquisiteur
N'ALLÂT interpréter à cornes leur longueur,
Ne les SOUTÎNT en tout à des cornes pareilles.

XL.

Un d'eux, le plus hardi, mais non pas le plus sage,
Promit d'en rendre tant ; *pourvu que* Jupiter
    Le LAISSÂT disposer de l'air,
    Lui DONNÂT saison à sa guise,
Qu'il EÛT du chaud, du froid, du beau temps, de la bise,
    Enfin du sec et du mouillé,
    Aussitôt qu'il aurait bâillé.

CHAPITRE IV,

Contenant vingt Exemples dans lesquels se trouve l'emploi du Plus-que-Parfait du Subjonctif, exprimant un passé par rapport au verbe avec lequel il entre en concordance.

RÈGLE.

Le verbe de la phrase principale étant à l'imparfait, à l'un des parfaits, au plus-que-parfait de l'indicatif, ou à l'un des conditionnels, le verbe de la phrase subordonnée se met au plus-que-parfait du subjonctif, si l'on veut exprimer un passé par rapport au verbe de la phrase principale (*Première partie, page* 59).

1.

Neptune, quoique favorable aux Phéniciens, *ne pouvait supporter* plus long-temps *que* Télémaque EÛT ÉCHAPPÉ à la tempête qui l'avait jeté contre les rochers de l'île de Calypso.

Eût échappé est au plus-que-parfait parceque ce verbe exprime un passé à l'égard de *ne pouvait supporter.*

Télémaque AVAIT ÉCHAPPÉ *à la tempête qui l'avait jeté contre les rochers de l'île de Calypso ; et Neptune ne pouvait supporter cela plus long-temps.*

II.

Quand les rois, avec leur suite, furent entrés dans la ville, ils *parurent étonnés* qu'en si peu de temps on EÛT PU faire tant de bâtiments magnifiques, et *que* l'embarras d'une si grande guerre n'EÛT point EMPÊCHÉ cette ville naissante de croître et de s'embellir tout-à-coup.

On AVAIT PU *faire tant de bâtiments magnifiques, et l'embarras d'une si grande guerre* n'AVAIT *point* EMPÊCHÉ *cette ville naissante de croître et de s'embellir tout-à-coup ; et c'est de cela que les rois parurent étonnés.*

Donc, *eût pu* et *eût empêché* sont au plus-que-parfait du subjonctif parceque ces verbes expriment des choses passées à l'égard de *parurent étonnés.*

On voit, d'après les deux exemples ci-dessus, que le plus-que-parfait du subjonctif, exprimant un passé relatif au verbe de la phrase principale, peut se rendre par le plus-que-parfait de l'indicatif, en faisant de la phrase subordonnée la phrase principale.

III.

Elle entendait les coups de hache et de marteau :

elle prêtait l'oreille ; chaque coup la faisait frémir. Mais dans le moment même elle *craignait* que cette rêverie ne lui EÛT DÉROBÉ quelque signe ou quelque coup d'œil de Télémaque à la jeune nymphe.

Peut-être que cette rêverie lui AVAIT DÉROBÉ *quelque signe ou quelque coup d'œil ; elle le craignait, elle craignait cela.*

Autrement :

Cette rêverie pouvait lui AVOIR DÉROBÉ *quelque signe ou quelque coup d'œil ; et elle le craignait, elle craignait cela.*

IV.

Télémaque ne se comprenait plus lui-même, et ne *pouvait croire* qu'il EÛT PARLÉ si indiscrètement. Ce qu'il avait fait lui paraissait comme un songe, mais un songe dont il demeurait confus et troublé.

Télémaque AVAIT PARLÉ *très indiscrètement ; et il ne pouvait croire cela.*

Eût parlé exprime un passé à l'égard de *ne pouvait croire.*

V.

Télémaque ne répondait à ce discours que par des soupirs. Quelquefois il *aurait souhaité que* Mentor l'EÛT ARRACHÉ malgré lui de l'île, quelquefois *il lui tardait que* Mentor FÛT PARTI, pour n'avoir plus devant ses yeux cet ami sévère qui lui reprochait sa faiblesse.

Dans cette phrase, l'auteur nous présente Télé-maque comme un homme qui redoute le moment où une chose doit se faire, mais qui sera content quand elle sera faite : c'est pour cette raison qu'il a employé le plus-que-parfait du subjonctif, qui exprime un passé à l'égard du verbe de la phrase principale.

VI.

Cette expérience me faisait espérer qu'Ulysse pourrait bien revenir enfin dans son royaume après quelque longue souffrance. Je *pensais* aussi en moi-même que je *pourrais* revoir encore Men-tor, *quoiqu'*il EÛT ÉTÉ EMMENÉ dans les pays les plus inconnus de l'Éthiopie.

Mentor AVAIT ÉTÉ EMMENÉ *dans les pays les plus inconnus de l'Éthiopie ; et, malgré cela, je pensais qne je pourrais encore le revoir.*

VII.

Bientôt Mentor et lui *furent* dans la même con-fiance que s'ils *avaient passé* leur vie ensemble, *quoiqu'*ils ne se FUSSENT jamais VUS : c'est que les dieux, qui ont refusé aux méchants des yeux pour connaître les bons, ont donné aux bons de quoi se connaître les uns les autres.

*Ils ne s'*ÉTAIENT *jamais* VUS ; *et, malgré cela, ils furent dans la même confiance que s'ils avaient passé leur vie ensemble.*

VIII.

Quoique son cœur se FÛT SAUVÉ des déréglements que causent d'ordinaire les passions, il *prit* encore plus de soin de le régler, il crut que l'innocence de sa vie devait répondre à la pureté de sa créance.

*Son cœur s'*ÉTAIT SAUVÉ *des déréglements que causent d'ordinaire les passions ; et, malgré cela, il prit encore plus de soin de le régler.*

IX.

Guillaume III *laissa* la réputation d'un grand politique, *quoiqu'il n'*EÛT point ÉTÉ populaire ; et d'un général à craindre, *quoiqu'il* EÛT PERDU beaucoup de batailles.

X.

Socrate inventa, dit-on, la morale ; d'autres, avant lui, l'avaient mise en pratique ; il ne fit que dire ce qu'ils avaient fait, il ne fit que mettre en leçons leurs exemples. Aristide *avait été* juste *avant que* Socrate EÛT DIT ce que c'était que justice. Léonidas *était mort* pour son pays *avant que* Socrate EÛT FAIT un devoir d'aimer la patrie. Sparte *était* sobre *avant que* Socrate EÛT LOUÉ la sobriété ; *avant qu'il* EÛT LOUÉ la vertu, la Grèce *abondait* en hommes vertueux.

XI.

Mon oncle et ma tante furent émus de la vive sensation que j'éprouvais ; ils reçurent leur frère avec tendresse, et je me livrai à la mienne avec toute la vivacité que Dieu m'a donnée. Ce fut alors que j'appris la mort de mon grand-père : je le *re-grettai*, *quoique* je ne l'EUSSE guère VU ; mais il était bon, il m'aimait ; et nous serions trop malheureux s'il en fallait davantage pour pleurer et chérir quelqu'un.

XII.

Quand on apprit sa mort (*la mort de Coriolan*) à Rome, le peuple n'en témoigna ni joie ni douleur ; et peut-être qu'il ne *fut pas fâché que* les Volsques l'EUSSENT TIRÉ de l'embarras de rappeler un praticien qu'il ne craignait plus, et qu'il haïssait encore.

XIII.

Mais rien n'approche de la dureté des lois qu'il (*Romulus*) établit à l'égard des enfants. Il donna à leurs pères un empire absolu sur leurs biens et sur leurs vies ; ils pouvaient, de leur autorité privée, les enfermer, et même les vendre pour esclaves jusqu'à trois fois, *quelque* âge *qu'ils* *eussent* (1), et à *quelque* dignité *qu'*ils FUSSENT PARVENUS.

XIV.

Il (*Romulus*) *défendit* par une loi expresse *qu'*on *fît* aucune élection, soit pour la dignité royale, le sacerdoce, ou les magistratures publiques, et *qu'*on *entreprît* même aucune guerre, *qu'*on n'EÛT PRIS auparavant les auspices.

---

(1) Dans les phrases de ce chapitre, tout verbe qui ne sera pas au plus-que-parfait sera en italique ; le plus-que-parfait seul sera en lettres capitales.

XV.

Burrhus, parlant de Néron.

Ah! madame! pour moi j'ai vécu trop d'un jour.
Plût au ciel *que* sa main, heureusement cruelle,
EÛT FAIT sur moi l'essai de sa fureur nouvelle!
*Qu'*il ne m'EÛT pas DONNÉ, par ce triste attentat,
Un gage trop certain des malheurs de l'état!

XVI.

Éphestion, parlant d'Alexandre.

Je ne vous retiens point ; marchez contre mon maître :
Je *voudrais* seulement *qu'*on vous l'EÛT FAIT connaître ;
Et que la Renommée EÛT VOULU, par pitié,
De ses exploits au moins vous conter la moitié ;
Vous verriez.............

XVII.

Cléophile, parlant d'Alexandre.

Oui, puisque ce héros *veut que j'ouvre* mon ame,
J'écoute avec plaisir le récit de sa flamme :
Je *craignais que* le temps n'en EÛT BORNÉ le cours ;
Je *souhaite* qu'il m'*aime*, et *qu'*il m'*aime* toujours.

XVIII.

Mathan, parlant d'Athalie.

Elle-même à mes soins confiant sa vengeance,
M'avait dit d'assembler sa garde en diligence ;
Mais, *soit que* cet enfant devant elle amené,
De ses parents, dit-on, rebut infortuné,
EÛT d'un songe effrayant DIMINUÉ l'alarme ;
*Soit qu'*elle EÛT même en lui VU je ne sais quel charme,
J'ai *trouvé* son courroux chancelant, incertain,
Et déjà remettant sa vengeance à demain.

XIX.

Le rieur alors, d'un ton sage,
Dit qu'il *craignait* qu'un sien ami,
Pour les grandes Indes parti,
N'EUT depuis un an FAIT naufrage.

XX.

Si sur le point du jour parfois il sommeillait,
Le savetier alors en chantant l'éveillait ;
   Et le financier se *plaignait*
    Que les soins de la Providence
N'EUSSENT pas au marché FAIT vendre le dormir,
   Comme le manger et le boire.

CHAPITRE V,

Contenant trente Exemples qui auraient pu être insérés dans les chapitres précédents, mais qui demandent une attention particulière : ce sont des phrases dont la construction paraît moins régulière, des phrases où il y a ellipse du verbe qui détermine la concordance, et qui, par conséquent, méritent d'être présentées séparément.

I.

Baléasar est aimé des peuples. En possédant les cœurs, il possède plus de trésors que son père n'en avait amassé par son avarice cruelle ; car *il n'y a* aucune famille *qui* ne lui DONNÂT tout ce qu'elle a de biens, S'il se TROUVAIT dans une pressante nécessité : ainsi ce qu'il leur laisse est plus à lui que s'il le leur ôtait. Il n'a pas besoin de se précaution-ner pour la sûreté de sa vie ; car il a toujours autour de lui la plus sûre garde , qui est l'amour de ses peuples. *Il n'y a* aucuns de ses sujets qui ne CRAI-GNE de le perdre, et qui ne HASARDÂT sa pro-pre vie pour conserver celle d'un si bon roi.

TÉLÉMAQUE.

Donnât est à l'imparfait du subjonctif parceque ce verbe est suivi d'une phrase conditionnelle ex-primée par SI et un verbe à l'imparfait de l'indi-catif (*Voyez ce que j'ai dit* page 61, *première re-marque*).

Cette phrase signifie ,

Toutes les familles lui DONNERAIENT *ce qu'elles ont de biens ,* S'il se TROUVAIT *dans une pressante nécessité.*

Craigne est au présent du subjonctif parceque c'est dans le moment que l'on parle , et habituel-lement , que les sujets craignent de le perdre : ce verbe entre en concordance avec *il n'y a.*

Hasardât est à l'imparfait du subjonctif parce-qu'après ce verbe il y a de sous-entendu, *s'il le fal-lait, si ce roi était en danger.*

L'auteur a dû sous-entendre cette expression conditionnelle, puisque, quelques lignes plus haut, il dit : *Il n'a pas besoin de se précautionner pour la sûreté de sa vie ; car il a toujours autour de lui la plus sûre garde, qui est l'amour de ses peuples.*

II.

J'ai grand'peur que celui qui, dès la première vue, me traite comme un ami de vingt ans, ne me TRAITÂT, au bout de vingt ans, comme un homme inconnu, SI j'AVAIS quelque important service à lui demander ; et quand je vois des hommes si dissipés prendre un intérêt si tendre à tant de gens, je présumerais volontiers qu'ils n'en prennent à personne.

J. J. ROUSSEAU.

Traitât est à l'imparfait du subjonctif parceque ce verbe est suivi de la phrase conditionnelle, *si j'avais* (*Voyez* page 61, *première remarque*).

III.

L'amour, qui a d'ordinaire tant de part dans les tragédies, n'en a presque point ici ; et je *doute que* je lui en DONNASSE davantage SI c'ÉTAIT à recommencer ; car *il faudrait que* l'un des deux frères FÛT amoureux, ou tous les deux ensemble.

RACINE , *Préface de la Thébaïde*.

Donnasse est à l'imparfait du subjonctif parceque ce verbe est suivi d'une phrase conditionnelle exprimée par SI et un verbe à l'imparfait de l'indicatif (*Voyez* page 61, *première remarque*).

IV.

La plupart de ceux qui ont entendu parler d'Andromaque ne la connaissent guère que pour la veuve d'Hector et la mère d'Astyanax ; on ne *croit point qu*'elle_ DOIVE aimer ni un autre mari ni un autre fils ; et je *doute que* les larmes d'Andromaque EUSSENT FAIT sur l'esprit de mes spectateurs l'impression qu'elles y ont faite, SI elles AVAIENT COULÉ pour un autre fils que celui qu'elle avait d'Hector.

RACINE, Préface d'Andromaque.

Eussent fait. Ce verbe est au plus-que-parfait du subjonctif parcequ'il est suivi d'une phrase conditionnelle exprimée par SI et un verbe au plus-que-parfait de l'indicatif (*Voyez* page 61, *première remarque*).

V.

On peut dire que les vices nous attendent dans le cours de la vie comme des hôtes chez qui il faut successivement loger ; et je *doute que* l'expérience nous les FÎT éviter, S'il nous ÉTAIT permis de faire deux fois le même chemin.

LA ROCHEFOUCAULD.

Fît. Ce verbe est à l'imparfait du subjonctif parcequ'il est suivi d'un phrase conditionnelle exprimée par SI et un verbe à l'imparfait de l'indicatif (*Voyez* page 61, *première remarque*).

VI.

Il n'y a guère d'occasion *où* l'on FÎT un méchant marché de *renoncer* au bien qu'on dit de nous, à condition de n'en dire point de mal.

Le même.

Fît. Ce verbe est à l'imparfait du subjonctif parceque ces mots, *de renoncer*, qui suivent le verbe, signifient SI *l'on* RENONÇAIT.

Cette phrase signifie,

On FERAIT *rarement un méchant marché*, SI *l'on* RENONÇAIT *au bien qu'on dit de nous*, à *condition qu'on n'en* DIRAIT *point de mal.*

VII.

Porus à Taxile.

Votre empire et le mien seraient trop achetés
S'ils coûtaient à Porus les moindres lâchetés.
Mais *croyez-vous* qu'un prince enflé de tant d'audace
De son passage ici ne LAISSÂT point de trace?
RACINE. Alexandre, act. I, sc. 2.

Laissât est à l'imparfait du subjonctif parcequ'a-près ce verbe on peut sous-entendre, Si *nous le* LAISSIONS *entrer dans nos états.*

Ce qui prouve que cette phrase conditionnelle est sous—entendue, c'est que *Taxile* venait de dire à *Porus* :

Que sert de l'arrêter par un orgueil sauvage?
D'un favorable accueil honorons son passage;
Et, lui cédant des droits que nous reprendrons bien,
Rendons-lui des devoirs qui ne nous coûtent rien.

VIII.

Joad, à Josabet sa femme.

Abner, *quoiqu'*on se PUT assurer sur sa foi,
Ne *sait* pas même encor si nous avons un roi.
Le même. Athalie, act. I, sc. 2.

6

Pût est à l'imparfait du subjonctif parce qu'après ce verbe on peut sous-entendre, SI *on lui* CON-FIAIT *ce secret.*

Il est question de Joas, élevé en secret sous le nom d'Eliacin, par Joad, grand prêtre, et par Josabet, femme de Joad.

IX.

Titus, parlant à Bérénice.

. . . . Que faut-il que Bérénice espère ?
Rome lui sera-t-elle indulgente ou sévère ?
Dois-je croire *qu'assise* au trône des césars
Une si belle reine OFFENSÂT ses regards ?
RACINE. Bérénice, act. II, sc. 2.

Offensât. Ce verbe est à l'imparfait du subjonctif parceque, dans le vers précédent, au lieu de l'adjectif *assise*, on peut dire, SI *elle* ÉTAIT *assise.*

X.

Antiochus, parlant de Bérénice.

Penses-tu seulement *que* parmi ses malheurs,
Quand l'univers entier *négligerait* ses charmes,
L'ingrate me PERMÎT de lui donner des larmes,
Ou *qu'elle* S'ABAISSÂT jusques à recevoir
Des soins qu'à mon amour elle croirait devoir ?
Le même. Bérénice, act. III, sc. 2.

Permît et *abaissât* sont à l'imparfait du subjonctif, quoique précédés de *penses*-tu, verbe au présent de l'indicatif, parceque, dans le second verbe, il y a une phrase conditionnelle :

Quand l'univers entier NÉGLIGERAIT ses charmes.

XI.

Créon, parlant à Antigone.

Vous fermez pour jamais ces beaux yeux que j'adore ;
Et, pour ne point me voir, vous les fermez encore !
Quoique Hémon vous FÛT cher, vous *courez* au trépas
Bien plus pour m'éviter que pour suivre ses pas !

Le même. La Thébaïde, act. V, sc. 6.

Fût. Ce verbe est à l'imparfait du subjonctif, quoique lié à *vous courez*, verbe au présent de l'indicatif, parceque Hémon dont il est question, est mort, et que l'on peut sous-entendre, *lorsqu'il* VIVAIT ; et c'est avec ce passé imparfait, *vivait*, que *fût*, présent relatif, entre en concordance.

XII.

Andromaque, parlant de son fils Astyanax, dont la mort est demandée à Pyrrhus par Oreste, au nom des Grecs.

Et vous prononcerez un arrêt si cruel ?
Est-ce mon intérêt qui le rend criminel ?
Hélas ! on ne *craint point qu'*il VENGE un jour son père ;
On *craint qu'*il n'ESSUYÂT les larmes de sa mère.

RACINE. Andromaque.

Venge est au présent du subjonctif, et *essuyât* est à l'imparfait, quoique tous les deux soient précédés du même verbe, *craint*, au présent de l'indicatif ; c'est que dans le dernier vers, on peut sous-entendre S'*il* VIVAIT, SI *on ne le* FAISAIT pas mourir.

Voici comme il faut entendre ces deux vers :
Il VENGERA , *où il* POURRA *venger un jour son père, et l'on ne craint point cela : mais* S'il VIVAIT, *il* ESSUIERAIT, *ou il* POURRAIT *essuyer les larmes de sa mère; et l'on craint cela.*

XIII.

Cependant Protésilas , ne *pouvant* souffrir *que* je ne CRUSSE pas tout ce qu'il me disait contre son ennemi , prit le parti de ne m'en parler plus , et de me persuader par quelque chose de plus fort que toutes les paroles.

TÉLÉMAQUE, *liv.* XIII.

Crusse. Ce verbe est à l'imparfait du subjonctif parceque *pouvant*, participe présent , équivaut à l'imparfait *pouvait.* C'est comme s'il y avait,

Cependant Protésilas, qui ne POUVAIT *souffrir que je ne* CRUSSE *pas tout ce qu'il me disait.*, etc. (*Voyez page* 62, *deuxième remarque.*)

XIV.

Fatime à Roxane, en parlant d'Orcan.

Madame, il vous demande avec impatience.
Mais j'ai cru vous devoir avertir par avance ;
Et *souhaitant* surtout *qu'*il ne vous SURPRÎT pas ;
Dans votre appartement j'ai retenu ses pas.

RACINE. *Bajazet.*

Surprît est au subjonctif parceque *souhaiter que* veut le subjonctif.

Surprît est à l'imparfait parceque *souhaitant* signifie *comme je souhaitais.*

XV.

Atalide à Bajazet.

. . . . Cruel ! pouvez-vous croire
Que je SOIS moins que vous jalouse de ma gloire ?
Pensez-vous que cent fois , en vous *faisant* parler,
Ma rougeur ne FÛT pas prête à me déceler ?

Le même. Bajazet.

Fût est à l'imparfait du subjonctif parceque *faisant*, participe présent, équivaut à l'imparfait *faisait.*

Pensez-vous que cent *fois, lorsque je vous* FAI-SAIS *parler, ma rougeur ne* FÛT *pas prête à me déceler.*

XVI.

Le compère aussitôt va remettre en sa place
L'argent volé , *prétendant* bien
Tout reprendre à-la-fois *sans qu'il y* MANQUÂT rien.

LA FONTAINE , liv. X, fab. 5.

Manquât est au subjonctif parcequ'il est précédé de *sans que,* conjonction qui veut ce mode.

Manquât est à l'imparfait parceque *prétendant* signifie, *parcequ'il* PRÉTENDAIT.

XVII.

L'homme, *trouvant* mauvais *que* l'on l'EÛT CONVAINCU,
Voulut à toute force avoir cause gagnée.

LA FONTAINE , liv. X, fab. 2.

L'homme TROUVANT *mauvais* signifie, *l'homme qui* TROUVAIT *mauvais.*

Eût convaincu est au plus-que-parfait du subjonctif parcequ'il exprime un passé antérieur à
trouvant.

XVIII.

Mais les seigneurs sur leurs têtes
Ayant chacun un plumail,
Des cornes ou des aigrettes,
Soit comme marques d'honneur,
Soit *afin que* les Belettes
En CONÇUSSENT plus de peur,
Cela causa leur malheur.

Le même, liv. IV, fab. 6.

Conçussent. Ce verbe est au subjonctif parcequ'il est précédé de la conjonction *afin que*, qui
veut ce mode.

Conçussent est à l'imparfait du subjonctif parceque *ayant* signifie qui AVAIENT.

XIX.

*Quoiqu'*elle AIT soin de tout, et *qu'*elle SOIT
chargée de corriger, de refuser, d'épargner, choses
qui font haïr presque toutes les femmes, elle *s'est
rendue* aimable à toute la maison.

TÉLÉMAQUE, liv. XII.

Ait et *soit.* Ces deux verbes sont au présent du
subjonctif, quoique le verbe de la phrase principale soit au parfait de l'indicatif, elle s'EST REN-
DUE *aimable;* et voici pourquoi :

C'est quand Mentor fait le portrait de la fille

d'Idoménée qu'elle A soin de tout et qu'elle EST chargée de corriger, etc. ; mais ce n'est pas dans le même temps qu'elle se rend aimable : à cette époque, c'est une chose passée, et les deux autres sont présentes.

Le vrai sens de la phrase est,

Elle a soin de tout, et elle EST chargée de corriger, de refuser, d'épargner; mais, malgré cela, elle s'EST RENDUE aimable à toute la maison.

Au lieu que si l'auteur avait écrit,

Quoiqu'elle EÛT soin de tout, et qu'elle FÛT chargée de corriger, etc.

Cela signifierait,

Elle AVAIT soin de tout, et elle ÉTAIT chargée de corriger, etc.

Ce serait dire positivement qu'elle n'a plus soin et qu'elle n'est plus chargée de corriger, etc.

(Voyez page 68, cinquième remarque.)

XX.

Télémaque remarque dans le Tartare beaucoup d'impies hypocrites qui, faisant semblant d'aimer la religion, s'en étaient servis comme d'un beau prétexte pour contenter leur ambition et pour se jouer des hommes crédules : ces hommes, qui *avaient abusé* de la vertu même, *quoiqu'elle SOIT* le plus grand don des dieux , étaient punis comme les plus scélérats de tous les hommes.

Télémaque, liv. XVIII.

Soit. Ce verbe est au subjonctif parcequ'il est précédé de *quoique*, conjonction qui veut ce mode.

Soit est au présent , quoique lié par la conjonction *quoique* à un verbe au plus-que-parfait de l'indicatif, parcequ'il est question d'une chose toujours vraie.

(Voyez page 65, quatrième remarque.)

Voici le sens de la phrase :

La vertu EST *le plus grand don des dieux ;* et , *malgré cela, ces hommes en avaient abusé.*

Si l'auteur avait mis ,

quoiqu'elle FÛT *le plus grand don des dieux,*

voici quel serait le sens de la phrase :

La vertu ÉTAIT *le plus grand don des dieux; et , malgré cela, ces hommes en avaient abusé.*

D'après cette analyse , il est aisé de voir que le présent du subjonctif est le seul temps qui puisse être employé dans cette phrase.

XXI.

Il me choisit plusieurs morceaux très pathétiques, à ce qu'il prétendait; mais, *soit qu'*un accent si nouveau pour moi DEMANDÂT une oreille plus exercée, *soit que* le charme de la musique, si doux dans la mélancolie, s'EFFACE dans une profonde tristesse, ces morceaux me *firent* peu de plaisir; et j'en trouvai le chant agréable, à la vérité, mais bizarre et sans expression.

J. J. ROUSSEAU.

Demandât et *efface* sont au subjonctif parcequ'ils sont précédés de *soit que,* conjonction qui veut ce mode.

Demandât est à l'imparfait, et *efface* est au présent, quoique ces deux verbes soient sous la dépendance du même verbe, *firent,* qui est au parfait de l'indicatif.

Voici le sens de la phrase :

Ces morceaux me FIRENT *peu de plaisir, et voici pourquoi : peut-être qu'un accent si nouveau pour moi* DEMANDAIT *une oreille plus exercée ; peut-être aussi que le charme de la musique, qui est si doux dans la mélancolie, s'*EFFACE *dans une profonde tristesse.*

Demandât est à l'imparfait du subjonctif parcequ'on peut le remplacer par l'imparfait de l'indicatif.

Efface est au présent du subjonctif parcequ'on peut le remplacer par le présent de l'indicatif ; et ce qui fait qu'on a employé le présent, c'est qu'il s'agit de l'état habituel d'un sujet, et non d'une chose passagère.

XXII.

BUFFON, *parlant de deux animaux, dit :*
On *était* fondé à les regarder, et on les *regardait*

en effet comme différents, *quoique* les figures
SOIENT assez semblables, parcequ'il ne laisse
pas d'y avoir des différences dans les noms, et
même dans les descriptions.

BUFFON. *Hist. Nat. de l'Ocelot.*

Soient est au subjonctif parcequ'il est précédé de
quoique, conjonction qui veut ce mode.

Soient est au présent, quoique les verbes de la
phrase principale soient à l'imparfait de l'indicatif,
parcequ'il est vrai, à présent comme autrefois,
que les figures de ces animaux sont assez semblables. (*Voyez la quatrième remarque, page* 65.)

XXIII.

Pilpay conte qu'ainsi la chose s'est passée.
Pour peu que je VOULUSSE invoquer Apollon,
J'en *ferais*, pour vous plaire, un ouvrage aussi long
    Que l'Iliade ou l'Odyssée.
Rongemaille *ferait* le principal héros,
Quoique à vrai dire ici chacun SOIT nécessaire.

LA FONTAINE, *liv. XII, fab.* 15.

Soit est au présent du subjonctif, quoique le
verbe précédent, *ferait*, soit au conditionnel, parcequ'il est question d'une chose présente quand
l'auteur parle.

Voici le sens de la phrase :

Rongemaille FERAIT *le principal héros ; mais ; malgré cela, à vrai dire, chacun* EST *nécessaire ici, dans
le sujet que vous avez sous les yeux.*

XXIV.

C'est donc les dieux, et non pas la mort qu'il faut craindre. FUSSIEZ-vous au fond des abîmes, la main de Jupiter pourrait vous en tirer. FUSSIEZ-vous dans l'Olympe, voyant les astres sous vos pieds, Jupiter pourrait vous plonger au fond de l'abîme, ou vous précipiter dans les flammes du noir Tartare.

TÉLÉMAQUE, liv. VI.

Fussiez, dans cette phrase, est employé pour *quand même vous seriez. (Voyez page* 53.)

XXV.

Pyrrhus à Andromaque.

Madame, mes refus ont prévenu vos larmes.
Tous les Grecs m'ont déjà menacé de leurs armes :
Mais DUSSENT-ils encore, en repasssant les eaux,
Demander votre fils avec mille vaisseaux ;
COÛTÂT-il tout le sang qu'Hélène a fait répandre ;
DUSSÉ-je après dix ans voir mon palais en cendre ;
Je ne balance point, je vole à son secours,
Je défendrai sa vie aux dépens de mes jours.

RACINE. Andromaque.

Dussent-ils est employé pour *quand même ils devraient. Coûtât*-il est employé pour *quand même il coûterait. Dussé*-je est employé pour *quand même je devrais. (Voyez, comme pour la phrase précédente,* page 53.)

XXVI.

Cependant les Crétois n'ayant plus de roi pour

les gouverner, ont *résolu* d'en *choisir* un qui CON-
SERVE dans leur pureté les lois établies.

TÉLÉMAQUE, *liv. V.*

Dans cette phrase, *conserve* est au présent du
subjonctif, quoique précédé d'un verbe au parfait
de l'indicatif, parceque ce n'est pas avec ce verbe
que *conserve* entre en concordance, mais avec *choisir,* verbe à l'infinitif, qui exprime un futur (1).

Voici le sens de la phrase :

Le roi que les Crétois CHOISIRONT CONSERVERA
*dans leur pureté les lois établies : ils ont résolu de le
choisir tel.*

XXVII.

Pour chanter leurs combats, l'Achéron nous devrait
    Rendre Homère. Ah! s'il le *rendait,*
Et *qu'il* RENDÎT aussi le rival d'Épicure,
Que dirait ce dernier sur ces exemples-ci ?

LA FONTAINE, *liv. X, fab.* 1.

Rendît. Ce verbe est au subjonctif parcequ'il est
précédé de la conjonction *que,* employée pour SI
(*Voyez page* 51.)

Rendît est à l'imparfait parceque le verbe précédent est à l'imparfait de l'indicatif.

---

(1) Je dis que *choisir* exprime un futur, parceque, quand
Nausicrate parle à Mentor et à Télémaque, le choix n'est pas
encore fait. (*Voy. le cinquième livre de Télémaque, au commencement.*)

XXVIII.

A peine fûmes-nous arrivés sur ce rivage, que les habitants crurent que nous étions, ou d'autres peuples de l'île, armés pour les surprendre, ou des étrangers qui venaient s'emparer de leurs terres. Ils brûlent notre vaisseau, dans le premier emportement; ils égorgent tous nos compagnons; ils ne *réservent* que Mentor et moi pour nous présenter à Aceste, *afin qu'*il PÛT savoir de nous quels étaient nos desseins, et d'où nous venions.

TÉLÉMAQUE, liv. I.

Pût. Ce verbe est au subjonctif parcequ'il est précédé de la conjonction *afin que,* qui veut ce mode.

Pût est à l'imparfait parceque *réservent,* verbe au présent de l'indicatif avec lequel *pût* entre en concordance, est employé pour le parfait défini *réservèrent* (1). C'est donc comme s'il y avait, *ils ne* RÉSERVÈRENT *que Mentor et moi pour nous présenter à Aceste, afin qu'il* PÛT *savoir,* etc.

XXIX.

. . . . Ayant ainsi parlé,
Il *fait* le partage lui-même,
Et *donne* à chaque sœur un lot contre son gré;

---

(1) Il a été dit, première partie, page 3, que le présent de l'indicatif peut s'employer pour le parfait, soit défini, soit indéfini.

Rien *qui* PUT être convenable,
Partant rien aux sœurs d'agréable.

LA FONTAINE.

Pût. Ce verbe est à l'imparfait du subjonctif parceque les verbes *fait* et *donne*, qui précèdent, et qui sont au présent de l'indicatif, sont employés pour le parfait défini, comme dans la phrase précédente.

XXX.

La franchise, la bonne foi, la candeur, semblaient du haut de ces superbes tours appeler les marchands des terres les plus éloignées : chacun de ces marchands, *soit qu'*il VÎNT des rives orientales où le soleil sort chaque jour du sein des ondes, *soit qu'*il FÛT PARTI de cette grande mer où le soleil, lassé de son cours, va éteindre ses feux, *vivait* paisible et en sûreté dans Salente comme dans sa patrie.

TÉLÉMAQUE, *liv. XII.*

Vînt et *fût parti.* Ces deux verbes sont au subjonctif parcequ'ils sont précédés de *soit que*, conjonction qui veut ce mode, et ils sont tous les deux en rapport avec l'imparfait *vivait.*

Le second verbe ne pouvait pas se mettre à l'imparfait, comme le premier, quoique en concordance avec le même verbe, et voici pourquoi :

On peut bien dire qu'un marchand qui *venait* des rives orientales *vivait* dans Salente ; mais on ne peut pas dire de même qu'un marchand qui *partait* de cette grande mer, etc., *vivait* dans Salente.

Vint exprime un présent relatif à *vivait*, au lieu que *fût parti* exprime un passé antérieur à *vivait*.

D'après toutes les remarques faites sur les trente exemples de ce chapitre, on ne peut pas dire positivement qu'il faut employer tel temps du subjonctif après tel temps de l'indicatif ou du conditionnel : il arrive fort souvent que le temps du subjonctif n'est déterminé que par l'idée qu'on veut exprimer par ce verbe ; et c'est ce que je crois avoir suffisamment démontré dans ce cinquième chapitre.

FIN.

TABLE.

PREMIÈRE PARTIE.

SECONDE PARTIE.

FIN DE LA TABLE.

www.ingramcontent.com/pod-product-compliance
Ingram Content Group UK Ltd.
Pitfield, Milton Keynes, MK11 3LW, UK
UKHW021224140726
13695UKWH00002B/743